Religião e psicologia

SÉRIE PANORAMA DAS CIÊNCIAS DA RELIGIÃO

inter
saberes

Religião e psicologia

Nathalia Ellen Silva Bezerra
Cristina Spengler Azambuja
Pablo Rodrigo Ferreira

intersaberes

Rua Clara Vendramin, 58 | Mossunguê | CEP 81200-170 | Curitiba | PR | Brasil
Fone: (41) 2106-4170 | www.intersaberes.com | editora@intersaberes.com

Conselho editorial Dr. Ivo José Both (presidente) | Dr. Alexandre Coutinho Pagliarini | Drª Elena Godoy | Dr. Neri dos Santos | Dr. Ulf Gregor Baranow || *Editora-chefe* Lindsay Azambuja || *Gerente editorial* Ariadne Nunes Wenger || *Assistente editorial* Daniela Viroli Pereira Pinto || *Edição de texto* Larissa Carolina de Andrade | Arte e Texto Edição e Revisão de Textos | Gustavo Piratello de Castro || *Capa e projeto gráfico* Sílvio Gabriel Spannenberg (*design*) | Kovalov Anatolii e Wonderful Nature/Shutterstock (imagens) || *Diagramação* Rafael Ramos Zanellato || *Designer responsável* Iná Trigo || *Iconografia* Maria Elisa Sonda | Regina Claudia Cruz Prestes

Dados Internacionais de Catalogação na Publicação (CIP)
(Câmara Brasileira do Livro, SP, Brasil)

Bezerra, Nathalia Ellen Silva
  Religião e psicologia/Nathalia Ellen Silva Bezerra, Cristina Spengler Azambuja, Pablo Rodrigo Ferreira. Curitiba: InterSaberes, 2021. (Série Panorama das Ciências da Religião)

  Bibliografia.
  ISBN 978-85-227-0285-5

  1. Psicologia – História 2. Religião – História 3. Religião e psicologia I. Azambuja, Cristina Spengler. II. Ferreira, Pablo Rodrigo. III. Título. IV. Série.

21-71532   CDD-200.19

Índices para catálogo sistemático:
1. Religião e psicologia   200.19

Cibele Maria Dias – Bibliotecária – CRB-8/9427

1ª edição, 2021.
Foi feito o depósito legal.
Informamos que é de inteira responsabilidade dos autores a emissão de conceitos.
Nenhuma parte desta publicação poderá ser reproduzida por qualquer meio ou forma sem a prévia autorização da Editora InterSaberes.
A violação dos direitos autorais é crime estabelecido na Lei n. 9.610/1998 e punido pelo art. 184 do Código Penal.

SUMÁRIO

7 | Apresentação
10 | Como aproveitar ao máximo este livro

14 | **1 Religião e psicologia: aspectos históricos**
15 | 1.1 História da religião: breve histórico
26 | 1.2 História da psicologia: breve histórico
34 | 1.3 Relação entre psicologia e religião
42 | 1.4 Psicologia da religião: breve histórico

48 | **2 Definições e características da religião e da psicologia**
49 | 2.1 Religião
62 | 2.2 Religião: breve perspectiva sob os pontos de vista social, individual, linguístico e histórico
69 | 2.3 Psicologia: definição, características gerais e métodos
78 | 2.4 Religião, religiosidade e espiritualidade

85 | **3 Relações entre religião, religiosidade, espiritualidade e saúde**
86 | 3.1 Estudo da religiosidade
98 | 3.2 Espiritualidade e religiosidade: qualidade de vida e saúde mental
111 | 3.3 Psicologia da religião: definição e características

117 | **4 Questões de psicologia e religião**
118 | 4.1 Fenômenos psicológicos, psíquicos e religiosos
127 | 4.2 Sentimentos religiosos e intolerância religiosa
133 | 4.3 Exclusão metodológica do transcendente
140 | 4.4 Método fenomenológico-existencial
141 | 4.5 Motivação religiosa
144 | 4.6 Experiência religiosa

150 | **5 A psicologia e a religião na atuação do psicólogo**
151 | 5.1 Conversão religiosa: conceitos e características
157 | 5.2 Conselho Federal e Conselhos Regionais de Psicologia: o que dizem sobre espiritualidade e religiosidade?
167 | 5.3 Laicidade: conceito e aspectos gerais
174 | 5.4 Laicidade no Brasil
178 | 5.5 Aplicação da psicologia religiosa

187 | **6 Religião e psicologia no cotidiano: cultura e sociedade**
188 | 6.1 Neuropsicologia da religião: conceito e características principais
200 | 6.2 Psicologia social da religião
207 | 6.3 Religião e personalidade
214 | 6.4 Fenômenos religiosos contemporâneos: enfermidades e transtornos

224 | Considerações finais
226 | Estudo de caso
230 | Referências
244 | Bibliografia comentada
246 | Sobre os autores

APRESENTAÇÃO

Este livro percorre os principais questionamentos no tocante à intersecção entre religião e psicologia. Assim, em um primeiro momento, abordaremos temas gerais a fim de analisar os aspectos históricos correspondentes às duas áreas para, depois, adentrarmos em assuntos mais específicos e relativos à psicologia da religião.

A religião é uma temática de amplo debate e discussão no Brasil e no mundo, cujo interesse remonta aos primórdios da humanidade, tendo se manifestado de formas distintas e sofrido reformulações à medida que a humanidade avança(va) e concebe(ia) novos pontos de vista. A psicologia, por sua vez, também adquiriu relevância, sobretudo no último século, tendo em vista as necessidades impostas por problematizações contemporâneas, que indicam urgência da atuação do psicólogo. Sob essa ótica, trataremos dos desdobramentos da psicologia da religião. Vale ressaltar, porém, que o objeto de estudo dessa área da psicologia não está centrado na religião propriamente, mas em sua implicação na vida e nas ações humanas, ou sejam, no comportamento dos sujeitos.

Logo, temas polêmicos surgirão no decorrer desse debate, e uma das maiores discussões gira em torno da laicidade do Estado brasileiro. Nesse sentido, almejamos que o leitor seja capaz de argumentar de forma coerente sobre os tipos de Estado e a influência da religião na tomada de decisão a nível federal. Uma das grandes e mais relevantes preocupações da Constituição Federal de 1988 está direcionada à proteção da dignidade da pessoa humana, bem como aos direitos à igualdade e à liberdade. Entre os direitos fundamentais, encontramos a garantia de que a religião deve ser exercida de forma livre, contudo, isso não lhe atribui um caráter onipotente ou, ainda, não significa que seus praticantes possam cometer crimes e atos injustos usando a crença como justificativa, mas apenas que todas as religiões têm de ser respeitadas, devendo-se observar o limite legal, bem como os princípios da proporcionalidade e da razoabilidade.

No Capítulo 1, perpassaremos brevemente pela história da religião e da psicologia a fim de, num momento posterior, relacionar as duas áreas com base em uma análise crítica desse campo nomeado *psicologia da religião*.

No Capítulo 2, vamos explorar o conceito de religião e suas principais características, destinando a mesma atenção para a psicologia e suas especificidades. Em seguida, versaremos sobre a psicologia da religião, suas possíveis definições e particularidades, levando em consideração os fenômenos históricos, linguísticos, sociais, individuais e extrarracionais. Por fim, distinguiremos *religião*, *religiosidade* e *espiritualidade*, explorando sua presença na área da saúde.

No Capítulo 3, adentraremos as especificidades relativas à religiosidade e à espiritualidade, pautando questões que envolvem qualidade de vida e saúde mental. Neste momento, dedicaremo-nos ao entendimento das principais características atinentes à psicologia da religião e seus aspectos tanto positivos quanto negativos. Além disso, exploraremos os campos da moral, da culpabilidade e do bem-estar subjetivo no tocante à religiosidade.

No Capítulo 4, focalizaremos, separadamente, as manifestações religiosas e psíquicas, ou seja, trataremos dos fenômenos psíquicos, psicológicos e religiosos a fim de compreender de forma mais ampla os sentimentos relativos à religião, o problema do estado da fé, entre outros aspectos relacionados à motivação e à experiência religiosa.

No Capítulo 5, abordaremos a conversão religiosa e seus principais aspectos no âmbito da atuação profissional dos psicólogos, considerando, para tanto, a regulamentação do Conselho Federal de Psicologia (CFP) e dos Conselhos Regionais de Psicologia (CRPs) sobre a abordagem profissional no tocante à espiritualidade/religiosidade. Além disso, discutiremos sobre a laicidade, enfatizando a realidade brasileira.

Por fim, no Capítulo 6, explicitaremos a relação entre xenoglossia, terror noturno, fenômenos de possessão e transe e a religião e a psicologia.

Desta feita, a escolha dos conteúdos abordados neste livro está comprometida com o leitor, no sentido de expandir seus conhecimentos no tocante à temática ora em foco. Desejamos uma boa jornada em busca de aprendizados científicos e, por isso, encorajadores.

COMO APROVEITAR AO MÁXIMO ESTE LIVRO

Empregamos nesta obra recursos que visam enriquecer seu aprendizado, facilitar a compreensão dos conteúdos e tornar a leitura mais dinâmica. Conheça a seguir cada uma dessas ferramentas e saiba como estão distribuídas no decorrer deste livro para bem aproveitá-las.

Conteúdos do capítulo: Logo na abertura do capítulo, relacionamos os conteúdos que nele serão abordados.

Após o estudo deste capítulo, você será capaz de: Antes de iniciarmos nossa abordagem, listamos as habilidades trabalhadas no capítulo e os conhecimentos que você assimilará no decorrer do texto.

15 Religião e psicologia: aspectos históricos

O mundo em que vivemos é marcado pela diversida[de]
humanos não são iguais, e nossas diferenças é qu[e]
experiências, os relacionamentos e as trocas tão i[n]
Entretanto, essas diferenças não poderiam ser mot[ivo]
minação ou exclusão, mas esse é um cenário presen[te]
mundo e que nos acompanha desde os mais remotos

Temas como política e religião avultam diferença[s]
namento e de opinião, por isso são tomados, muitas
assuntos sobre os quais não devemos discutir. Toda[via]
da história da humanidade, muitas guerras foram m[otivadas]
conflitos religiosos, temática que parece ultrapassar a r[azão]
humana e atingir o âmbito das emoções. Um grande
confronto decorrente da rivalidade religiosa são as C[ruzadas]
ocorreram durante a Idade Média.

Além das guerras e dos conflitos bélicos entre na[ções]

Introdução do capítulo
Logo na abertura do capítulo, informamos os temas de estudo e os objetivos de aprendizagem que serão nele abrangidos, fazendo considerações preliminares sobre as temáticas em foco.

EXERCÍCIOS RESOLVIDOS
1. A religião é de suma importância para a história
   dade. Há um número expressivo de pesquisas q[ue]
   essa temática com a intenção de desvendar seus
   compreender os impactos da religião na humanida[de]
   muitos os estudos que tentam explicar a origem
   Acerca da história da religião, assinale a alternati[va]
   A) A história das religiões pode ser compreendid[a]
      pois o tema não impõe muitas complexidades.
      estudos apresentam com exatidão o momen[to]
      primeira religião surgiu e quais eram suas cr[enças]
   B) O desenvolvimento da religião passou por di[ferentes]
      estando aliado ao próprio avanço da human[idade]
      as modificações religiosas enfrentadas, está a
      politeísmo (crença em vários deuses) para o [monoteísmo]
      (crença em apenas um Deus).

Exercícios resolvidos
Nesta seção, você acompanhará passo a passo a resolução de alguns problemas complexos que envolvem os assuntos trabalhados no capítulo.

EXEMPLIFICANDO
Sob o ponto de vista científico, o fenômeno meteor[ológico]
provoca raios e trovões, pode ser explicado de form[a]
lógica. Contudo, certas religiões e crenças vinculan
menos à fé, ou seja, eventos naturais cotidianos são
luz da religião. Assim, para os antigos gregos, os raios
fabricadas por gigantes Ciclopes e produzidas com a
que Zeus, o rei dos deuses, as atirasse sobre os homen[s]
Essa era uma explicação que poderia sofrer alteraçõe[s]
da religião/crença em voga. Logo, está em curso a ca
efetuar, pela fé, associações complexas que são emp
âmbito religioso, mas que afetam e explicam o cotidi[ano]
lente específica.

Nesse sentido, Santos (2019) entende que a fé p[ode ser com]
preendida como uma criação ou uma adaptação vanta[josa]

Exemplificando
Disponibilizamos, nesta seção, exemplos para ilustrar conceitos e operações descritos ao longo do capítulo a fim de demonstrar como as noções de análise podem ser aplicadas.

Para saber mais
Sugerimos a leitura de diferentes conteúdos digitais e impressos para que você aprofunde sua aprendizagem e siga buscando conhecimento.

Perguntas & respostas
Nesta seção, respondemos às dúvidas frequentes relacionadas aos conteúdos do capítulo.

O que é
Nesta seção, destacamos definições e conceitos elementares para a compreensão dos tópicos do capítulo.

Síntese
Ao final de cada capítulo, relacionamos as principais informações nele abordadas a fim de que você avalie as conclusões a que chegou, confirmando-as ou redefinindo-as.

Estudo de caso
Nesta seção, relatamos situações reais ou fictícias que articulam a perspectiva teórica e o contexto prático da área de conhecimento ou do campo profissional em foco com o propósito de levá-lo a analisar tais problemáticas e a buscar soluções.

Bibliografia comentada
Nesta seção, comentamos algumas obras de referência para o estudo dos temas examinados ao longo do livro.

1
RELIGIÃO E PSICOLOGIA: ASPECTOS HISTÓRICOS

Conteúdos do capítulo:
- História da religião.
- História da psicologia.
- Relação entre as histórias da psicologia e da religião.

Após o estudo deste capítulo, você será capaz de:
1. apontar quais são os principais pontos relativos à história da religião;
2. descrever os aspectos gerais da história da psicologia;
3. analisar criticamente a relação entre psicologia e religião;
4. discorrer sobre as quatro partes que compõem a história das relações entre psicologia e religião;
5. identificar os principais aspectos históricos que norteiam a psicologia da religião.

O mundo em que vivemos é marcado pela diversidade. Os seres humanos não são iguais, e nossas diferenças é que tornam as experiências, os relacionamentos e as trocas tão interessantes. Entretanto, essas diferenças não poderiam ser motivo de discriminação ou exclusão, mas esse é um cenário presente em todo o mundo e que nos acompanha desde os mais remotos tempos.

Temas como política e religião avultam diferenças de posicionamento e de opinião, por isso são tomados, muitas vezes, como assuntos sobre os quais não devemos discutir. Todavia, ao longo da história da humanidade, muitas guerras foram motivadas por conflitos religiosos, temática que parece ultrapassar a racionalidade humana e atingir o âmbito das emoções. Um grande exemplo de confronto decorrente da rivalidade religiosa são as Cruzadas, que ocorreram durante a Idade Média.

Além das guerras e dos conflitos bélicos entre países e nações distintas, a religião também foi responsável por dificultar ou interferir em avanços no campo da ciência, sendo que a Idade Média – também conhecida como a *Idade das Trevas* – é lembrada justamente pelo atraso ou pela ausência de avanços na área científica, o que não significa que estudos não tenham sido elaborados, mas que sua publicização era punida pela Igreja Católica, até então detentora de grande poder.

1.1 História da religião: breve histórico

A religião é um dos fenômenos mais relevantes da vida humana, já que os demais animais e seres vivos não criaram um sistema religioso de crenças. Esse é um fato que interfere na vida humana desde os primórdios, uma vez que todas as culturas e/ou civilizações desenvolveram sistemas religiosos mais simples ou mais complexos. Assim, cada religião apresenta suas próprias características e especificidades e, muitas vezes, referem-se a um mesmo assunto de maneiras distintas, o que justifica a diversidade de discussões, polêmicas e embates em torno da temática religião.

> **O QUE É?**
>
> **Crença**, em conformidade com Romano (2015), é a fé religiosa. A função religiosa, diferentemente da crença, envolve o ministério ou a incumbência de alguém divulgar a religião, cujo papel é assumido por figuras como pastor, padre, papa, rabino, bispo, entre outros (Romano, 2015).

A **história das religiões** é um assunto complexo de ser estudado, pois são muitos os temas e desdobramentos possíveis, principalmente se a intenção é remontar à sua origem, ao começo da civilização em geral. Assim, o estudo da religião exige uma análise que seja feita por ângulos diversos, o que poderia levar uma vida inteira, já que, para entender uma religião ou as religiões como um todo, é preciso muita pesquisa, cujos resultados devem ser analisados sob o ponto de vista do tempo e do espaço em que tais crenças foram desenvolvidas. Por isso, ao longo deste capítulo, abordaremos os temas principais e mais relevantes da história da religião, tendo em vista a impossibilidade de atingir um nível profundo e mais específico, se considerado o objetivo deste livro.

Desse modo, a história da religião se confunde, em muitos momentos, com a história da própria humanidade. Segundo Stella (1965), o estudo comparado de diversas religiões presentes no mundo não visa nem pretende menosprezar qualquer religião, mas sim ampliar o conceito de religião e seus tipos de crenças, reconhecendo que os valores religiosos devem ser respeitados por sua multiplicidade. Assim, segundo o autor, a história da religião não ofusca os valores religiosos, uma vez que os reconhece por sua unicidade ou universalidade. Stella (1965) defende que este estudo não torna uma religião mais correta ou verdadeira em detrimento de outra, mas admite e reconhece que existem formas religiosas distintas e, por vezes, opostas, quando considerados seus dogmas internos.

FIGURA 1.1 – Diversidade religiosa

| Judaísmo | Hinduísmo | Islamismo | Cristianismo | Confucionismo |
| Budismo | Xintoísmo | Taoismo | Siquismo | Fé Bahá'í |

nimograf/Shutterstock

A relação entre religião e história não é de hoje. A tradição ocidental, por exemplo, baseia-se em valores greco-romanos e princípios judaico-cristãos que costuram o tecido político-social. Assim, as corporações religiosas influenciaram (e influenciam) o meio (Prado; Silva Júnior, 2014). As religiões, assim como tantas outras áreas do relacionamento humano, passam por mudanças ao longo do tempo. Algumas despontam, outras perecem, uma vez que as crenças também estão atadas ao comportamento humano, razão por que é difícil imaginar uma realidade em que a história e a religião não estejam ligadas, afinal, as diversas religiões não surgem do nada, mas derivam de necessidades e estruturas críveis.

Santos (2019) aponta a dificuldade de se determinar em que momento da história da humanidade as crenças surgiram. O aparecimento das primeiras religiões e sua forma de organização não são precisos, pois estima-se que tenham ocorrido durante a Pré-História, mas não há registros suficientes que o comprovem (Santos, 2019). Segundo o autor, historiadores indicam que há grandes chances de a primeira religião ser antecedente ao *Homo sapiens*; logo, as primeiras crenças religiosas antecedem à nossa espécie e, possivelmente, estão vinculadas à nossa própria evolução. Santos (2019) destaca que os neandertais já praticavam rituais que poderiam estar relacionados às religiões da época, pois forneciam um sentido para a morte e os mistérios que a rondavam, evidências que foram encontradas nos restos de assentamentos de algumas tribos, além de materiais que comprovam que alguns clãs realizavam cultos a determinados animais, indicando uma espécie de adoração.

Mata (2010) esclarece que os escritos de Eusébio de Cesareia (260 d.C.-340 d.C.) são os primeiros grandes empreendimentos direcionados à religião, ainda que, posteriormente, muitas críticas tenham sido feitas acerca dessa produção historiográfica. Uma das maiores críticas refere-se ao fato de o autor não separar as esferas eclesiástica e política, deixando evidente suas alianças pessoais com o imperador Constantino. Contudo, essa produção figura apenas como a primeira de muitas obras que viriam a tratar desse tema, embora nos períodos posteriores tenham sido destacadas outras historiografias, ou, caso se tratasse da religião, ela era abordada de forma plena, como um assunto claro, unilateral e correto, como ocorreu durante a Idade Média. É evidente, porém, que essa compreensão se entendia exclusivamente ao catolicismo, pois outras religiões não eram vistas com bons olhos na época.

Ainda que já tenhamos avançado para alguns séculos depois de Cristo (d.C.), a história da religião preocupava alguns pensadores desde o século V antes de Cristo (a.C.). Os mais conhecidos e aclamados eram Parmênides (515 a.C.-460 a.C.), Empédocles (494 a.C.-430 a.C.), Demócrito (460 a.C-370 a.C.), Platão (428/7 a.C.-348/7 a.C.) e Aristóteles (384 a.C.-322 a.C.), e todos refletiam acerca dos deuses e dos mitos gregos, entre outros interesses.

Retrocedendo um pouco mais no tempo, o período em que Alexandre III da Macedônia – também conhecido como *Alexandre Magno* ou *Alexandre, o Grande* – esteve no poder (336 a.C.-323 a.C.) também acarretou uma série de mudanças. O contato helênico com os demais povos fez com que os gregos tomassem conhecimento de outras práticas religiosas advindas do oriente e tivessem acesso a culturas diferentes das que já estavam acostumados. Uma das religiões que surgiu e ganhou destaque nesse cenário foi o cristianismo, seguido da Era Cristã, na qual Deus era tido como o único cristão e todos os outros deuses figuravam como pagãos, o que motivou diversos embates religiosos e a busca de uma crença e uma religião corretas, em detrimento do pecado praticado pelas demais. Por isso, durante a Idade Média, a rivalidade e o confronto entre o cristianismo e o islamismo ganhou força (Eliade, 2008).

As Cruzadas, que ocorreram durante os séculos XI a XIII, foram impulsionadas por disputas pelo Mediterrâneo e por causa da expansão do islamismo entre os árabes. A Igreja Católica, sentindo-se ameaçada, estabeleceu como necessário expandir o cristianismo de modo que seus fundamentos alcançassem o maior número possível de adeptos e seguidores. As armaduras dos guerreiros cruzados tinham uma cruz na frente, daí a denominação *Cruzadas*, que consistiram em expedições militares ocorridas entre 1095 e 1291 e empreendidas pelas potências cristãs europeias, cujos maiores objetivos eram combater o domínio islâmico na Terra Santa, reconquistar Jerusalém, bem como os demais lugares onde Jesus Cristo tivesse passado em vida. Ainda que com finalidade religiosa, as Cruzadas estavam longe de ser um movimento pacífico, já que eram uma mistura de peregrinação e penitência, em que os guerreiros cruzados aceitavam essa jornada em troca do perdão por seus pecados, caso conseguissem completar a missão divina de libertar os locais sagrados do Islã. Além disso, as Cruzadas também objetivavam unificar as forças da cristandade ocidental, que estava dividida após guerras internas; assim, a união visava combater um só inimigo: os infiéis muçulmanos. É importante salientar que existiram várias Cruzadas e que elas ocorreram em momentos distintos, dotadas de características próprias, apesar de conservarem o mesmo objetivo, ou seja: destruir as religiões contrárias ao catolicismo e atrair mais fiéis.

FIGURA 1.2 – Guerreiro cruzado

Apesar de a Igreja Católica, em um momento inicial, destinar sua atenção e rivalidade a uma religião externa ao cristianismo, o domínio do catolicismo e a expansão da Igreja foram ameaçados por uma crença pertencente ao seio cristão. A partir do século XVI, as tensões internas entres clérigos e leigos reformistas aumentaram, dando início ao movimento protestante, em que figuravam Lutero (1483-1546) e Calvino (1509-1564), responsáveis por questionar a origem e a exegese dos textos sagrados, inclusive a forma de controle da Igreja Católica, que era empregada com "mãos de ferro".

Desde essa época, portanto, o cristianismo já era dotado de mais de uma crença. Assim, as religiões podem incluir diferentes tipos de crenças, surgidas antes ou depois, sendo esse fato indicativo de alguma insatisfação ou mudança de pensamento, como foi o movimento protestante, que é uma crença ligada à religião cristã, mas discordante dos posicionamentos e das crenças cultivados pelo catolicismo, também integrante do cristianismo. Cabe mencionar, ainda que brevemente, que a expansão marítima europeia representou uma busca por novos territórios, bem como estabeleceu e firmou contato com culturas distintas. As religiões de tais povos eram vistas como exóticas e primitivas, objetos de curiosidade e comparação, envolvendo tanto a busca pelo conhecimento quanto pela legitimação do cristianismo.

Em conformidade com os ensinamentos de Certeau (2002), a Reforma Protestante foi imprescindível para o enfraquecimento do poder da religião cristã como a única aceita sob o ponto de vista da sociedade europeia. Assim, a Igreja Católica passou a "concorrer" com crenças semelhantes a sua, mas estas, uma vez renovadas, traziam maior flexibilidade e acessavam um grande público. A Igreja Católica perdeu o monopólio do poder e deixou de ser a única instituição responsável por controlar a religião e a política de forma exclusiva. Segundo Bellotti (2011), em decorrência do enfraquecimento da Igreja Católica e, posteriormente, com o fim da Idade Média, algumas modificações marcantes começaram a delinear o mundo como o conhecemos hoje. A partir do século XIX, período em que o Ocidente vivenciou o triunfo do cientificismo, houve um distanciamento entre a religião e a ciência. Essa separação foi impulsionada pelas consequências advindas da Reforma Protestante, mas esse movimento histórico não alcançou tal façanha sozinho: o Iluminismo também influenciou de forma direta essa questão. Durante a chamada *Revolução Científica do século XVII*, a maior parte dos estudiosos buscavam aliar as pesquisas, as observações e os experimentos aos conceitos religiosos/filosóficos, porém, após o Iluminismo, já no século XVIII, o antagonismo entre esses dois campos ficou ainda mais marcado. Assim, a ciência e a religião foram separadas e as pesquisas relativas a ambas passaram a ser independentes. Nesse contexto, Degani-Carneiro e Jacó-Vilela (2012, p. 71) esclarecem:

> O processo de cisão entre ciência e religião no pensamento ocidental culminará no século XVIII, com o Iluminismo, marcado pela crença de que a Razão libertaria a humanidade dos mitos, da ignorância e da religião, estabelecendo uma radical distinção entre o pensamento científico e as demais cosmovisões.

Bellotti (2011) destaca, ainda, que o fim do século XVIII foi marcado por novos distanciamentos em relação à religião organizada. Crenças em uma inteligência divina ou em um Ser Supremo estavam desvinculadas de qualquer tipo de ritualismo ou dogma e, além disso, havia também quem negasse Deus, assim como quem acreditasse Nele e não necessariamente seguisse os dogmas do catolicismo ou do protestantismo, por exemplo. Logo, a divindade não ocupava mais o centro do mundo ocidental, uma vez que esse espaço foi dominado por discursos e descobertas científicas, evidenciando áreas que se dedicavam ao estudo da humanidade e sobre a humanidade. Desse modo, a psicologia atraiu novos olhares interessados em investigar o interior da mente humana e suas implicações, o que algum tempo atrás seria considerado heresia.

É importante destacar que esses não foram os únicos eventos que motivaram a separação entre religião e ciência, porém são os que merecem, de nossa parte, maior destaque. Bellotti (2011, p. 16-17) ainda menciona outros acontecimentos responsáveis por suscitar essa separação no Ocidente do hemisfério Norte:

> A Independência Norte-Americana (1776), liderada por deístas (Thomas Jefferson, Benjamin Franklin, James Madison, George Washington, Thomas Paine), determinou na primeira emenda da Constituição americana a separação entre Igreja e Estado – o que não impediu que a religião (evangélica em especial) se separasse completamente da política naquele país até os dias atuais. A Revolução Francesa e o período napoleônico marcam a secularização irreversível, que inspirará as independências das colônias hispânicas nas Américas Central e do Sul. Não somente a Igreja Católica perdeu privilégios e propriedades, mas também a primazia sobre o sistema educacional.

Entretanto, o fato de a ciência e a religião terem sido apartadas, a racionalidade ter ganhado espaço e as descobertas científicas tornarem-se relevantes não implica que a religião deixou de existir ou de avançar, mas apenas que ela passou a ser vista sob uma nova ótica, em que religião e ciência coexistem e, até mesmo, podem se relacionar nas esferas em que, de alguma maneira, se assemelham.

O conjunto de fatores e fatos históricos apresentados até aqui evidenciam os motivos pelos quais a religião é tão significativa no convívio humano, mas também esclarecem o problema de a religião funcionar como o único poder regulador das esferas social, política e econômica, sendo necessária a separação entre elas. Assim, a religião começou a ser analisada e estudada como "qualquer outro fenômeno humano ou natural. Dessa forma, para que o estudo científico da religião surgisse, foi necessário dessa-cralizá-la" (Bellotti, 2001, p. 17).

Exercícios resolvidos

1. A religião é de suma importância para a história da humanidade. Há um número expressivo de pesquisas que abordam essa temática com a intenção de desvendar seus mistérios e compreender os impactos da religião na humanidade. Portanto, muitos são os estudos que tentam explicar a origem das religiões. Acerca da história da religião, assinale a alternativa correta:

   A] A história das religiões pode ser compreendida facilmente, pois o tema não impõe muitas complexidades. Os diversos estudos apresentam com exatidão o momento em que a primeira religião surgiu e quais eram suas crenças.
   B] O desenvolvimento da religião passou por diversas fases, estando aliado ao próprio avanço da humanidade. Entre as modificações religiosas enfrentadas, está a alteração do politeísmo (crença em vários deuses) para o monoteísmo (crença em apenas um Deus).
   C] O Cristianismo é uma religião politeísta, já que seus seguidores adoram três deuses: Deus, Cristo e o Espírito Santo, junção conhecida como *Santíssima Trindade*.
   D] A religião é um dos elementos responsáveis por diferenciar os seres humanos dos animais: estes adoram somente as coisas que conseguem apreender pelos sentidos; aqueles relacionam suas crenças à existência da fé.

   Gabarito: (b). O estudo da história das religiões é altamente complexo, havendo uma dificuldade em se estabelecer o surgimento da primeira religião, já que se trata de um fenômeno antigo, que remonta ao surgimento da humanidade. Dessa forma, não se sabe com certeza qual foi a primeira crença a existir no mundo nem quando ela foi criada. A religião, como se sabe, é um fator que diferencia a humanidade da animalidade, uma vez que os animais não têm uma vida religiosa fundamentada. Além disso, a religião está diretamente relacionada à dimensão afetiva e emocional, intrínseca à natureza humana. O cristianismo, por sua vez, é uma religião monoteísta, em que seus adeptos adoram a um Deus Trino.

Para Santos (2019), as cinco religiões mais importantes a nível mundial, e que contam com um grande número de seguidores, são: cristianismo, islamismo, judaísmo, hinduísmo e budismo. No entanto, existem tantas outras de singular importância e que merecem respeito, ainda que sejam menores e/ou menos conhecidas.

O Brasil, em razão de suas origens coloniais portuguesas, apresenta maior número de católicos, contudo, nos últimos anos, verifica-se que a quantidade de cristãos protestantes vem aumentando em território brasileiro, sem esquecer as demais religiões que também conquistaram novos seguidores, como o espiritismo, a umbanda e o candomblé – essas duas últimas, inclusive, remetem ao período da escravidão, em que um grande número de africanos viveram no Brasil, e integram o patrimônio cultural e religioso do país.

Religiões e crenças são dotadas de um certo nível de abstração, já que o pensamento religioso exige e envolve várias capacidades mentais básicas, as quais, muitas vezes, estão ligadas àquilo que não se consegue enxergar, sendo imprescindível, portanto, a fé para alcançar determinado entendimento. Santos (2019) destaca, nesse sentido, que o desenvolvimento do pensamento religioso exige a capacidade de abstração, de crer na existência de uma teoria da mente, em que o sujeito enxerga o ambiente e as situações sob uma perspectiva própria, envolvendo objetivos e vontades distintas, de detecção de agentes causais e de efetuar associações complexas.

> **EXEMPLIFICANDO**
>
> Sob o ponto de vista científico, o fenômeno meteorológico, que provoca raios e trovões, pode ser explicado de forma racional e lógica. Contudo, certas religiões e crenças vinculam esses fenômenos à fé, ou seja, eventos naturais cotidianos são explicados à luz da religião. Assim, para os antigos gregos, os raios eram lanças fabricadas por gigantes Ciclopes e produzidas com a intenção de que Zeus, o rei dos deuses, as atirasse sobre os homens pecadores. Essa era uma explicação que poderia sofrer alterações a depender da religião/crença em voga. Logo, está em curso a capacidade de efetuar, pela fé, associações complexas que são empregadas em âmbito religioso, mas que afetam e explicam o cotidiano por uma lente específica.

Nesse sentido, Santos (2019) entende que a fé pode ser compreendida como uma criação ou uma adaptação vantajosa mantida por meio da seleção natural, já que, sendo transmitida de geração em geração, incumbida de criar e manter a coesão dos grupos, ela torna mais fácil a sobrevivência e a reprodução nesses ambientes. Por fim, o autor destaca que a fé também pode ser vista como um subproduto das habilidades cognitivas, ou seja, pode estar relacionada à capacidade de efetuar associações complexas, como ora exemplificado, já que se relaciona às capacidades abstratas da mente humana.

1.2 História da psicologia: breve histórico

Vivemos em um mundo cada vez mais acelerado, em que cada um dos nossos dias engloba uma complexidade de atividades e ações. O esgotamento e o cansaço são reclamações constantes de grande parte da humanidade e vê-se o aumento exponencial de doenças emocionais. É muito provável que você, leitor, tenha e/ou conheça alguém que tem/teve depressão, crises de ansiedade, crises de pânico etc. Nesse cenário, a humanidade precisa encontrar formas de lidar com essas questões, elaborando maneiras de enfrentar os dilemas impostos pelas problemáticas do mundo moderno. Nesse sentido, a atuação de psicólogos e psiquiatras está em ascensão, ainda que tanto a profissão quanto as pessoas que precisam de atendimento enfrentem alguns preconceitos, que, diga-se, têm sido combatidos, afinal, trata-se de garantir qualidade de vida ao ser humano que está em sofrimento psíquico.

A mente humana é um "ambiente" complexo e sem restrições, por isso, muitas vezes, não entendemos ou não conseguimos processar os questionamentos da nossa própria mente. O psicólogo é o profissional responsável por analisar as questões internas trazidas pelos sujeitos e mostrar os reflexos e os impactos que podem afetar o comportamento humano. Embora o funcionamento da mente esteja no plano abstrato, já que não se pode observar de forma direta como ela funciona, todas as atitudes, as ações, os pensamentos e os sentimentos experienciados pela humanidade são determinados pelo seu funcionamento. Assim, a função do psicólogo envolve identificar traumas, medos, inseguranças que afetam a vida do sujeito, bem como ajudá-lo a superar tais situações.

A diversidade de assuntos e problemas postos em pauta no mundo contemporâneo deixa clara a imprescindibilidade da atuação desse profissional, e, assim como em outras áreas do saber, a psicologia apresenta ramificações e especializações a fim de atender um número cada vez maior de pessoas e orientar problemas específicos. Todavia, a psicologia não surgiu neste século. É importante conhecer, ainda que brevemente, a história da psicologia, já que, por meio do estudo da mente humana, diversos acontecimentos mundiais podem ser analisados e explicados, o que nos ajuda a compreender quem somos e por que somos de determinada maneira.

A psicologia hoje é uma ciência, mas nem sempre foi assim. O estudo da psicologia pertencia, em seu início, a um ramo da filosofia; aos poucos e depois de anos é que foi atestado o seu caráter científico (Azevedo, 2016). Os primeiros estudos no campo da psicologia foram realizados pelos filósofos gregos clássicos, sendo que os primeiros avanços ocorreram por volta de 200 a.C., momento em que a filosofia destinava sua atenção para os assuntos da alma humana. Assim, inicialmente, a psicologia investigava questões mais abstratas da existência humana, incluindo as experiências de vida, os sonhos, os interesses particulares, os impulsos humanos e as peculiaridades atreladas ao comportamento humano nas mais diversas situações a que as pessoas estivessem submetidas.

Segundo Azevedo (2016), o primeiro registro que se tem da psicologia em livros filosóficos data do século XVI. O termo *psicologia* é formado por duas palavras gregas: *psique*, que significa "alma", e *logos*, que está relacionada à doutrina. Logo, a psicologia era compreendida, em seu início, como o estudo dos fenômenos que envolvem tanto a vida mental quanto espiritual. Nesse momento, as maiores influências para o campo da psicologia provieram da filosofia grega; a primeira tentativa de incluir a psicologia como área científica foi de um médico grego, Alcmeão de Crotona (510 a.C.-?), no século 6 a.C., que entendia a psicologia, a vida mental, como uma função cerebral (esse princípio ainda é objeto de estudos científicos atualmente).

Embora Alcmeão de Crotona tenha seu merecido destaque, é importante ressaltar que ele não foi o único filósofo a se dedicar à psicologia. Grandes nomes, como Hipócrates, Sócrates, Platão e Aristóteles, também realizaram estudos nesse âmbito. Azevedo (2016) destaca as principais contribuições de cada um desses filósofos:

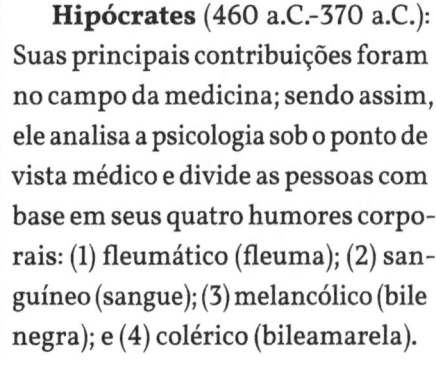

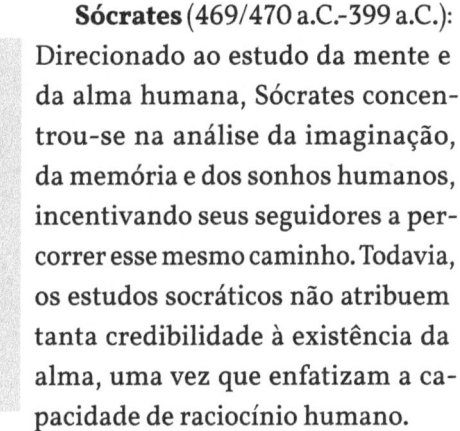

Hipócrates (460 a.C.-370 a.C.): Suas principais contribuições foram no campo da medicina; sendo assim, ele analisa a psicologia sob o ponto de vista médico e divide as pessoas com base em seus quatro humores corporais: (1) fleumático (fleuma); (2) sanguíneo (sangue); (3) melancólico (bile negra); e (4) colérico (bile amarela).

Sócrates (469/470 a.C.-399 a.C.): Direcionado ao estudo da mente e da alma humana, Sócrates concentrou-se na análise da imaginação, da memória e dos sonhos humanos, incentivando seus seguidores a percorrer esse mesmo caminho. Todavia, os estudos socráticos não atribuem tanta credibilidade à existência da alma, uma vez que enfatizam a capacidade de raciocínio humano.

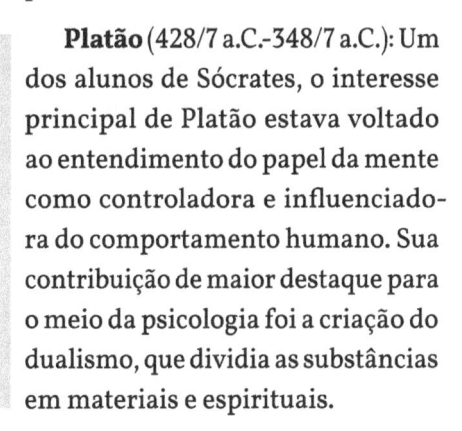

Platão (428/7 a.C.-348/7 a.C.): Um dos alunos de Sócrates, o interesse principal de Platão estava voltado ao entendimento do papel da mente como controladora e influenciadora do comportamento humano. Sua contribuição de maior destaque para o meio da psicologia foi a criação do dualismo, que dividia as substâncias em materiais e espirituais.

Aristóteles (384 a.C.-322 a.C.): Um dos alunos de Platão, Aristóteles foi responsável por combinar a psicologia com os estudos naturais, tendo reestabelecido o relacionamento entre a biologia e a medicina, bem como promoveu o pensando de que alma e corpo vivo são inseparáveis.

iku4/Shutterstock

> **PARA SABER MAIS**
>
> Tendo em vista a importância de se conhecer a história da psicologia e a amplitude do assunto quanto ao seu surgimento, recomendamos o vídeo a seguir.
>
> ORIGEM e surgimento da psicologia como ciência: história da psicologia (12m 02s). **Universo da Psicologia.** Disponível em: <https://youtu.be/fREzlwEPzPo>. Acesso em: 11 maio 2021.

Resumidamente, em conformidade com Gomes (2021), a psicologia de hoje é reflexo das preocupações e dos métodos advindos da filosofia e da fisiologia, uma vez que todas as funções psicológicas são oriundas de processos orgânicos. Dessa forma, os avanços nos campos da genética, da neurofisiologia e da bioquímica esclareceram questionamentos importantes quanto aos processos psicológicos, adentrando temas como hereditariedade, agressividade e ansiedade (Gomes, 2021).

Somente após o Iluminismo, em um momento posterior à revolução científica dos séculos XVIII e XIX (coincidente com o período em que a religião e a ciência se separaram), novos campos do saber foram definidos e um novo espaço foi conquistado pela psicologia, que passou a ser analisada sob o ponto de vista científico. Além disso, outros elementos contextuais colaboraram para esse avanço, como as preocupações relativas ao engano da razão, que podem estar atreladas às crenças religiosas como meio de compreender a realidade e à construção da ideia de "indivíduo", principalmente em um ambiente no qual o capitalismo está em ascensão.

Segundo Azevedo (2016), a Psicologia surgiu como disciplina científica apenas em 1879, ano em que foi inaugurado o primeiro Instituto de Psicologia, na Alemanha, cujo criador foi Wilhelm Wundt (1832-1920). A partir desse momento, os primeiros psicólogos puderam começar a desenvolver competências de trabalho experimentais para estudar a mente humana e seus desdobramentos. Vale ressaltar que a psicologia não se concentra em apenas um campo de estudo; ao contrário, uma de suas principais características é a multiplicidade de assuntos abordados por essa área, sendo esse um aspecto da própria natureza da mente e das emoções humanas, que são estudadas e analisadas por esses profissionais por vieses teóricos distintos. Por essa razão, quando se sabe que alguém é psicólogo, é natural questionar sua especialidade, bem como as correntes teóricas adotadas ao longo de sua formação, pois essas escolhas podem interferir e influenciar a forma com que o profissional realiza seus atendimentos.

Nesse contexto, é preciso destacar que existem duas vertentes teóricas dominantes no campo da psicologia: o funcionalismo e o estruturalismo. William James (1842-1910) é considerado o fundador da psicologia funcional, ou seja, do **funcionalismo** – teoria amparada nas constantes mudanças que a mente pode sofrer e na inutilidade da procura por blocos de construção da experiência. Segundo Azevedo (2016), o funcionalismo se refere à mente e às suas formas de atuação no meio ambiente em que o indivíduo está inserido. Os psicólogos funcionalistas atentam-se aos comportamentos humanos e aos processos mentais envolvidos.

Apesar de o termo ***estruturalismo*** ter sido criado por Edward Titchener (1867-1927), quem o cunhou foi Wilhelm Wundt (1832-1920), principal propulsor da teoria estruturalista, que se baseia na introspecção treinada. Essa abordagem analisa os relatos de sujeitos enquanto eles realizam determinadas tarefas, isto é, enquanto mantêm suas mentes ocupadas. Segundo Azevedo (2016), o estruturalismo volta-se para o estudo da consciência, sob o ponto de vista da psicologia científica, a fim de estruturar sistematicamente as atividades desempenhadas pela mente. São três os elementos básicos da consciência: (1) sensações, (2) sentimentos e (3) imagens.

Uma das maiores críticas destinadas a esse método se refere à sua confiabilidade, já que foram registradas grandes variações individuais com base nas experiências e nos relatos dos sujeitos pesquisados. Segundo Battistelli (2018), ainda que a confiabilidade do método seja colocada à prova, as contribuições de Wundt são relevantes ainda hoje para a área, visto que ele foi o primeiro a abrir um laboratório dedicado à psicologia, o que é considerado o marco inicial da psicologia moderna. Wundt também foi responsável por separar a psicologia da filosofia, por meio do estudo do funcionamento da mente, adotando, para tanto, procedimentos objetivos, padronizados e direcionados para o campo da psicologia, com o intuito de eliminar as abstrações filosóficas.

Figura 1.3 – Funcionalismo e estruturalismo

Funcionalismo	Estruturalismo
▪ William James ▪ Mudanças da mente ▪ Adaptação ao meio ambiente ▪ Comportamentos e processos mentais	▪ Wilhelm Wundt ▪ Instrospeção treinada ▪ Relatos fornecidos durante a realização de tarefas ▪ Confiabilidade duvidosa

Fonte: Elaborado com base em Azevedo, 2016.

Azevedo (2016) destaca, ainda, outras abordagens na análise histórica da psicologia, quais sejam:

- **Behaviorismo**: Iniciada por John B. Watson (1878-1958), a abordagem behaviorista considera a psicologia como a ciência do comportamento do organismo. Seus principais avanços estão ligados ao estudo do comportamento observável.
- **Psicologia da Gestalt**: Fundada por Max Wertheimer (1880-1943), Kurt Koffka (1886-1941) e Wolfgang Köhler (1887-1967), a teoria da Gestalt compreende a mente em sua totalidade.
- **Psicanálise**: Sigmund Freud (1856-1939) foi o fundador da psicanálise, que teve início com o estudo das histórias clínicas de deficientes mentais.
- **Psicologia humanista**: Desenvolvida por diversos psicólogos, entre eles Abraham Maslow (1908-1970), Carl Rogers (1902-1987) e Gordon Allport (1897-1967), a psicologia humanista preocupa-se com o comportamento controlado pela vontade humana, sem pautar o inconsciente ou o ambiente no qual o indivíduo está inserido.

EXERCÍCIOS RESOLVIDOS

2. Atualmente, a psicologia é uma área científica de estudo e tem estado cada vez mais em voga, sobretudo na contemporaneidade, com todas as emergências de um mundo globalizado. Entretanto, durante anos a psicologia esteve atrelada à filosofia. Nesse sentido, no tocante às abordagens da psicologia, assinale a alternativa correta:
   A) O funcionalismo foi desenvolvido por Abraham Maslow na busca pela defesa de certo funcionamento da mente humana.
   B) O estruturalismo iniciou com os psicólogos Carl Roges, Rollo May e Gordon Allport, sendo direcionado para o estudo das histórias clínicas dos deficientes mentais.

c) O behaviorismo foi fundado por John B. Watson, cuja psicologia estava voltada para o comportamento observável do organismo.
d) A psicanálise foi criada por Abraham Maslow e é dividida em dois subsistemas: metodológico e radical.

Gabarito: (c). O funcionalismo, desenvolvido por William James, estuda o funcionamento da mente humana. Já o estruturalismo, criado por Wilhelm Wundt, analisa o relato dos sujeitos enquanto eles realizam determinadas tarefas. A psicanálise, por sua vez, surgiu com Sigmund Freud, por meio do estudo das histórias clínicas de deficientes mentais.

Em resumo, a psicologia é uma ciência relativamente nova quando comparada a outros campos científicos, cujos principais avanços ocorreram nos últimos 150 anos. As principais disciplinas do campo da psicologia são: clínica, cognitiva, social, ocupacional, forense, psicologia do desenvolvimento, entre outras.

1.3 Relação entre psicologia e religião

Algumas ciências, sobretudo aquelas relacionadas às áreas de humanas e sociais, surgiram ou se desenvolveram no meio religioso. Nesse contexto, inicialmente, a psicologia esteve vinculada à religião e, até hoje, pesquisadores aliam esses dois saberes, visto que ambos tratam da abstração da mente humana e lidam com aspectos emocionais.

Os fenômenos religiosos também podem ser entendidos como fenômenos culturais, tendo em vista a quantidade de contribuições, impactos e influências da religião na formação da personalidade humana, tanto como indivíduo quanto como sociedade. A religião, nesse sentido, tem o poder de moldar uma diversidade de atitudes e escolhas do sujeito em fases distintas da vida. Henning e Moré

(2009, p. 86) destacam que "a religião é constituída por mitos, rituais e comportamento moral que interpretam o processo cultural, definindo significados de comunidade e influenciando sobre [o] que pode e não pode ser feito, ou o certo e o errado".

A racionalidade, aliada à ciência, é o método mais comum e credível de se realizar uma descoberta, já que por meio de hipóteses, proposições e provas um mesmo elemento é testado até que se alcance um resultado confiável e verídico. Contudo, não se pode pensar na racionalidade e/ou na ciência como métodos ilimitados ou infalíveis, pois ambos apresentam limitações e problemáticas; se não fosse assim, não surgiriam novos estudos nem nada novo no horizonte.

Vivemos em um mundo em que sociedade, economia e natureza não podem mais ser vistas de forma separada, contudo, nem sempre foi assim, e, consequentemente, as necessidades, os posicionamentos e os conhecimentos de cada época e povo são importantes para se continuar avançando. Sabe-se que a ciência e a racionalidade foram (e são) de suma relevância para a vida e a evolução humana, mas talvez não caiba considerá-las como fontes únicas de resposta. Diferentemente do que o método científico clássico aponta, a racionalidade não é o único meio responsável por produzir conhecimento baseado na observação e na experimentação; existem outras maneiras e percepções de compreensão e produção do conhecimento, porém sem base científica, o que não retira, em sua totalidade, a relevância do estudo, apenas o insere em um ambiente e cenário distintos do científico (Ancona-Lopez, 2002).

Nesse contexto, a psicologia tenta explicar alguns dos fenômenos extra racionais que podem impactar a vida humana e, até mesmo, utiliza algumas ferramentas cientificamente duvidosas como forma de se aproximar ou identificar tais fenômenos. Segundo Ancona-Lopez (2002), muitas práticas são estimuladas pelo contato da psicologia com áreas não científicas, funcionando como ferramentas úteis para certos tratamentos. Um exemplo é a meditação. Muitos psicólogos associam a meditação a seus tratamentos; alguns inserem essa prática em seu dia a dia e defendem que seja um meio de autoconhecimento. Todavia, a religião também apoia os benefícios proporcionados pela meditação, sendo comum o uso de mantras com nomes de divindades, uma vez que a prática meditativa é concebida como uma forma de imersão e de aproximação do sagrado.

Estudos comprovam que a meditação é uma grande aliada da psicologia, principalmente quando o assunto envolve autoconhecimento. De acordo com Sartor (2018), pesquisas apontam para o fato de que a meditação proporciona benefícios para o sistema límbico, que controla as emoções, além de ajudar o aprendizado e a memória. A tarefa de meditar pode parecer simples aos olhos de quem não a pratica ou, ainda, ser entendida como uma atividade que se faz sentado, sempre na mesma posição, e sem pensar em nada; contudo, a meditação envolve atenção, percepção de si mesmo e compreensão da realidade ao redor. A meditação, aliada à psicologia, pode reduzir fobias, estresse pós-traumático, insônia e, até mesmo, depressão, em razão de seus efeitos terapêuticos. Além disso, a medição também pode produzir resultados positivos sobre a fisiologia cerebral humana, modificando a forma como o sujeito enxerga e compreende o mundo, sendo esse um dos principais objetivos do processo psicoterapêutico (Sartor, 2018). A meditação também costuma ser recomendada visto seu fácil acesso, afinal, diversas plataformas, pagas e gratuitas, oferecem aulas de meditação para iniciantes ou avançados. Além de trazer diversos benefícios fisiológicos e psicoterapêuticos, a meditação é uma prática relativamente fácil, mais um aspecto que estimula e amplia o número de pessoas que decidem adotá-la como um estilo de vida. Todavia, o sucesso da meditação exige dedicação, pois só assim os benefícios proporcionados por ela podem ser alcançados, como a redução do estresse e da ansiedade, que atingem grande parte da população mundial. Alguns estudiosos divergem da afirmação de que a meditação expressa a prática religiosa, já que há indícios de que o yoga e a meditação transcendem o aspecto meramente religioso. Para Ancona-Lopez (2002, p. 81):

> Tanto o termo meditação quanto a sua prática pertencem a tradições religiosas. O esforço inicial de estabelecer uma relação entre esse conceito e a área da Psicologia parte do reconhecimento de uma similaridade entre o que é chamado meditação nas religiões cristãs e os movimentos propostos pelo método fenomenológico, como apresentado inicialmente por Hürsserl e assimilado posteriormente pelas ciências humanas, entre elas a Psicologia.

Em 2012, o Conselho Federal de Psicologia (CFP) apresentou uma nota pública, fornecendo esclarecimentos à sociedade e aos psicólogos no desempenho de suas funções acerca da psicologia e da religiosidade no exercício de suas atividades profissionais. A nota foi necessária tendo em vista diversos debates que estavam surgindo na mídia sobre o tema. Segundo o CFP (2012):

> Não existe oposição entre Psicologia e religiosidade, pelo contrário, a Psicologia é uma ciência que reconhece que a religiosidade e a fé estão presentes na cultura e participam na constituição da dimensão subjetiva de cada um de nós. A relação dos indivíduos com o "sagrado" pode ser analisada pela(o) psicóloga(o), nunca imposto por ela(e) às pessoas com os [sic] quais trabalha.

O posicionamento adotado pelo CFP é amparado por outras normas presentes no ordenamento jurídico brasileiro. Em primeiro lugar, destaca-se o respeito às diferenças e o direito à liberdade de expressão de todas as religiões – garantias constitucionais (Brasil, 1988). Em segundo, o *Código de Ética Profissional do Psicólogo* (CFP,

2005) estabelece que as técnicas e os serviços de psicologia devem ser fundamentados na ciência psicológica, e não em preceitos religiosos ou qualquer tipo de conhecimento alheio à profissão, o que ratifica a separação entre religião e ciência.

> Art. 1º – São deveres fundamentais dos psicólogos:
>
> [...]
>
> c) Prestar serviços psicológicos de qualidade, em condições de trabalho dignas e apropriadas à natureza desses serviços, utilizando princípios, conhecimentos e técnicas reconhecidamente fundamentados na ciência psicológica, na ética e na legislação profissional. (CFP, 2005)

O *Código de Ética Profissional do Psicólogo* (CFP, 2005), ao apresentar seus princípios fundamentais, esclarece que não é aceito nenhum tipo de discriminação associado ao exercício da profissão, por isso os profissionais não podem expressar preferências por religiões e crenças, de modo a não constranger, inibir ou causar mal-estar ao paciente em tratamento. As discriminações envolvem convicções religiosas, filosóficas, morais, ideológicas e de orientação sexual.

> Princípios Fundamentais
>
> I. O psicólogo baseará o seu trabalho no respeito e na promoção da liberdade, da dignidade, da igualdade e da integridade do ser humano, apoiado nos valores que embasam a Declaração Universal dos Direitos Humanos.
>
> II. O psicólogo trabalhará visando promover a saúde e a qualidade de vida das pessoas e das coletividades e contribuirá para a eliminação de quaisquer formas de negligência, discriminação, exploração, violência, crueldade e opressão.

III. O psicólogo atuará com responsabilidade social, analisando crítica e historicamente a realidade política, econômica, social e cultural.

[...]

Art. 2º – Ao psicólogo é vedado:

a) Praticar ou ser conivente com quaisquer atos que caracterizem negligência, discriminação, exploração, violência, crueldade ou opressão;

b) Induzir a convicções políticas, filosóficas, morais, ideológicas, religiosas, de orientação sexual ou a qualquer tipo de preconceito, quando do exercício de suas funções profissionais; [...]. (CFP, 2005)

Nesse cenário, o reconhecimento de possíveis aproximações entre a religião e a psicologia não significa que as áreas se confundam ou que haja uma transferência de conceitos e práticas de um campo para o outro, mas apenas que a análise efetuada critica, sob a ótica da psicologia da religião, as ideias, os posicionamentos e as propostas fornecidos tanto pela religião quanto pela psicologia. Logo, a religião e a prática da psicologia devem estar separadas, caso contrário, o ambiente terapêutico poderia assumir certo proselitismo e enviesar o tratamento, e é justamente a impressão contrária que se deseja passar, já que todas as pessoas e comunidades têm de ser respeitadas independentemente da religião que seguem ou da fé que professam.

Quanto às religiões, muitas ainda enfrentam debates e polêmicas sobre a evolução da humanidade, suas necessidades, seus desejos e suas frustrações, tendo de lidar com opiniões e posicionamentos diversos, que foram se alterando ao longo do tempo. Por exemplo, há alguns anos, o relacionamento entre pessoas do mesmo sexo (homossexual) era uma prática condenável, tanto do ponto de vista religioso, a exemplo do cristianismo, quanto do ponto de vista social. No entanto, atualmente, os relacionamentos homossexuais são vistos como mais uma forma de amor, sendo ilegal sua discriminação, embora muitos preconceitos ainda vigorem e muitas lutas precisem ser enfrentadas em busca de direitos iguais. Alguns avanços, contudo, já foram conquistados. No Brasil, por exemplo, o casamento entre pessoas do mesmo sexo é permitido e legalizado em âmbito civil, porém continua sendo proibido em âmbito religioso, ou seja, casais homossexuais não podem trocar alianças em templos e igrejas. Tais situações demonstram a importância da separação entre religião e ciência e, em nosso caso, mais especificamente, entre religião e psicologia.

Caso o sujeito já tenha sido discriminado em algum contexto, o trabalho do psicólogo é auxiliar o indivíduo a lidar com seus questionamentos e dilemas e aceitar suas escolhas individuais. Se a religião interferisse nesse atendimento, provavelmente outros problemas seriam gerados ao paciente, como a discriminação e a exigência de adotar determinada forma de ser. Todavia, se firmado com cautela e atenção, o contato entre a religião e a psicologia não fomenta apenas posturas discriminatórias.

É importante salientar que o fato de a psicologia refutar interferências religiosas em sua prática profissional não significa que os profissionais não possam adotar um sistema de crenças; o que não é permitido é que seus interesses particulares e suas crenças religiosas sejam utilizados como parâmetros de sua atuação profissional, já que essa postura vai de encontro às disposições presentes no *Código de Ética Profissional do Psicólogo* (CFP, 2005).

Exercícios resolvidos

3. Acerca da presença da religião na atuação do profissional de psicologia, considerando-se o disposto na Constituição de 1988 e no *Código de Ética Profissional do Psicólogo*, assinale a alternativa correta:

A] Em conformidade com o *Código de Ética Profissional do Psicólogo*, o psicólogo, no exercício de sua função, deve promover a liberdade e a integridade do ser humano.

B] Em conformidade com o *Código de Ética Profissional do Psicólogo*, o psicólogo, no exercício de sua função, deve promover a saúde e a qualidade de vida das pessoas, contribuindo para a eliminação de quaisquer formas de negligência, discriminação, exploração, violência, crueldade e opressão.

C] Entre os deveres do psicólogo está o atendimento tendencioso por meio de conselhos baseados na religião adotada pelo profissional. Portanto, a psicologia atua de forma parcial.

D] É permitido ao psicólogo praticar atos que caracterizem negligência, terror, pânico, tratamento desigual, discriminação, exploração, violência, crueldade ou opressão.

Gabarito: (b). Um dos princípios fundamentais do *Código de Ética Profissional do Psicólogo* determina, ao exercício do psicólogo, o respeito e a promoção da liberdade, dignidade, igualdade e integridade humana. Esse profissional tem de ser sempre imparcial, não podendo suas convicções religiosas, filosóficas ou morais interferir no atendimento. Além disso, é preciso cumprir com os deveres e as responsabilidades dispostos no código de ética.

A psicologia e a religião abordam temáticas muitas vezes consideradas tabus, ou seja, discutem e colocam em pauta assuntos que, constantemente, são negligenciados pelo potencial desconforto que podem gerar. As duas áreas apresentam temas que são alvos frequentes de controvérsias, como sexo, sonhos, corpo, desejo, deficiências, relacionamentos, inconsciente etc. Contudo, ainda que tratem dos mesmos assuntos, via de regra, seus posicionamentos são distintos.

Por fim, a relação entre religião e psicologia é tão relevante que surgiu uma área destinada ao estudo desse campo, denominada *psicologia da religião*, sobre a qual trataremos na seção a seguir.

1.4 Psicologia da religião: breve histórico

A psicologia da religião está preocupada com as interinfluências da religião na psicologia e vice-versa. Essa área analisa teorias, técnicas e ferramentas surgidas desse contato. Afinal, como vimos, embora existam semelhanças, a religião e a psicologia não se confundem, uma vez que cada qual guarda autonomia e independência de atuação em seus campos de interesse, sem que uma dependa dos dogmas estabelecidos pela outra. Contudo, isso não impossibilita o estabelecimento de uma relação nem de um sistema de trocas entre elas, ou seja, a religião e a psicologia podem ser compreendidas como aliadas na construção humana e na intervenção dos problemas enfrentados pelos indivíduos em seu cotidiano.

Segundo Ancona-Lopez (2002), um dos principais desafios enfrentados pela psicologia da religião envolve compreender as metodologias atinentes às duas áreas e, assim, conhecer suficientemente as especificidades da psicologia e das tradições religiosas. Os estudiosos que se interessam por esse campo tendem a almejar o equilíbrio entre as áreas, pois, caso contrário, podem empregar uma postura parcial e enviesada. Tais estudos normalmente são realizados por dois extremos. No primeiro, a religião faz uso de teorias, técnicas e ferramentas da psicologia a fim de compreender ou analisar um tema relativo ao âmbito religioso – perspectiva em que a psicologia é reduzida, visto que a religião desconsidera as especificidades da área. Assim, os fenômenos religiosos manifestados por meio das expressões humanas irão promover o reducionismo da psicologia, sendo responsável por diminuir ou, até mesmo, excluir os componentes científicos outorgados a ela. Por outro lado, no segundo extremo, a redução também pode partir da psicologia para a religião, quando os estudos de psicologia fazem uso de crenças e afirmações religiosas. As pesquisas que apresentam essa tendência não são voltadas para a psicologia da religião, mas sim para a psicologia religiosa, cujo foco é a organização dos fenômenos, das experiências e dos valores decorrentes da fé ou que por ela possam ser explicados.

Todavia, quando se pretende fazer um estudo sério e confiável sobre essa relação, não cabe transformar um dos elementos em objeto simploriamente comparativo, de forma a somente validar hipóteses já solidificadas. É preciso equilíbrio para não cair no "tendencionismo" nada científico, gerando assim uma contradição. O posicionamento parcial distorce o objeto de estudo, já que não é analisado sob uma ótica multidisciplinar e interdisciplinar, cujas relações diversificam as áreas do saber.

O QUE É?

Você sabe quais são os significados dos termos *multidisciplinar*, *interdisciplinar*, *transdisciplinar* e *pluridisciplinar*? Eles têm sido cada vez mais discutidos no mundo acadêmico, visto os ganhos de uma análise plural, daí a importância de compreender seus significados. A **multidisciplinaridade** fraciona o conhecimento em hierarquias; já a **interdisciplinaridade** transfere métodos utilizados em uma disciplina para a outra, a fim de direcionar para o estudo interdisciplinar. A **transdisciplinaridade**, por sua vez, aborda o conhecimento próprio da disciplina, objetivando ultrapassar seus limites, estando igualmente direcionada ao campo e ao espaço em que a disciplina se situa. Por fim, a **pluridisciplinaridade** estuda um mesmo assunto ou matéria sob pontos de vista distintos.

> Por exemplo, cabe a uma orientação pluridisciplinar elucidar a respeito das várias abordagens da psicologia, ou seja, trata-se de estudar a psicologia por partes, de acordo com distintos posicionamentos teóricos.

Hardy (2001) defende que, para que a psicologia da religião não seja redutiva, é necessário afastar radicalismos e buscar modelos que compreendam tanto a dimensão religiosa quanto a psicológica, sendo compatível com os interesses e os apontamentos das duas áreas. O autor apresenta quatro pressupostos de uma metodologia interdisciplinar:

1. A linguagem metafórica é utilizada com o intuito de organizar a experiência para que elementos específicos sejam destacados ou dirimidos.
2. A ciência é criada e estudada pelo homem, por isso sofre influência de aspectos culturais, sociais, históricos, econômicos e de costumes, podendo evidenciar, ainda, valores implícitos.
3. Os estudos visam explicar as aderências às crenças e seus pressupostos, não havendo neutralidade ou separação total entre o sujeito e o objeto.
4. Ainda que a ciência seja de suma importância, ela enfrenta certas limitações e algumas reduções não podem ser evitadas. Dessa forma, as pesquisas científicas precisam assumir um posicionamento crítico e expor suas limitações publicamente.

Ainda no que se refere à limitação da ciência, é importante frisar que, embora sua relevância seja mundial, ela não é a única capaz de compreender a realidade e a vida humana como um todo, pois, se assim fosse, apenas os cientistas conseguiriam ter alguma noção do contexto em que estão inseridos, e isso não é exclusividade deles. Pessoas que não são cientistas também compartilham uma visão do outro e de suas atitudes acerca da realidade, mesmo que sem embasamento científico. Nesse sentido, Hack (2003, p. 25) assinala uma distância entre a ciência e a religião:

> As Ciências da Religião oferecerão a visão de mundo da Reforma Religiosa do século XXI, sua influência na configuração religiosa e política do mundo ocidental, destacando elementos históricos, simbolismos e ritos, para reanalisar a religião, não apenas em termos de economia e mercado, mas como proposta de reflexão sobre o fenômeno religioso em suas relações com a sociedade [...].

Sabe-se que a psicologia é formada por um vasto conjunto de especificidades e subáreas derivadas, entre elas a psicologia social, que, segundo Rodrigues (2008), aborda o comportamento do sujeito mediante as influências que esse indivíduo sofre pelas imposições e pressões sociais, analisando as diferentes fases da vida humana e seus impactos em âmbito histórico-social. A *psicologia social*, como o próprio nome sugere, destina seus estudos para a relação firmada entre o indivíduo e a sociedade, focalizando o julgamento de valor, o sentimento de pertença e o processo de construção da identidade. Assim como a psicologia em geral, esse ramo também está relacionado com a religião, e o resultado desse relacionamento é denominado *psicologia social da religião*, cujo estudo concentra-se na complexidade presente entre a religião e a religiosidade. O principal objetivo da psicologia social da religião é compreender os comportamentos religiosos, relacionando-os a outros comportamentos humanos e explorando os diversos significados convencionados pelas religiões.

Nesse sentido, a religião configura e promove fenômenos no campo social, enquanto a religiosidade diz respeito ao contato do sujeito com o transcendente. A psicologia da religião é responsável por explicitar, cientificamente, o elo entre ciência e fé, sem deixar de lado discussões que possam influenciar e interferir nesse campo, como é o caso do debate sobre embriões *in vitro* – evolução alcançada pela ciência, mas que atinge dogmas presentes em algumas crenças e religiões –, além de discussões promovidas por áreas como a anatomia, a medicina, a sociologia, o direito, a metafísica etc.

Paiva (2002a, p. 561) fortalece a separação entre ciência e religião ao afirmar que esse binômio tem dificultado algumas áreas da cultura ocidental moderna. "O acréscimo da Psicologia a este binômio tem o sentido de descartar a extensão da ciência natural e biológica para a ciência humana e de apontar a dimensão psicológica que vincula o cientista à religião e o religioso à ciência". Ainda quanto essa relação tríade – psicologia, religião e ciência – Paiva (2002a, p. 566) comenta:

> Em relação à Psicologia a questão religião/ciência assume diversas feições. A Psicologia tem uma dimensão que a aproxima das ciências naturais e biológicas e outra dimensão que a aproxima das ciências históricas e hermenêuticas. Exemplos nítidos seriam a neuropsicologia e a psicologia cognitiva da inteligência artificial, de um lado, e, de outro, a psicanálise e diversas psicoterapias. [...]. Em relação à religião e à busca de sentido, a psicologia encontra-se mais vizinha na dimensão histórico-hermenêutica, onde, assim como a religião, "produz conhecimento, desperta motivação e muitas vezes leva à transformação pessoal" ([Schafranske], 1997, p. 163). Porém essa dimensão não pode ser vista como separada da outra: "o que parece estarmos aprendendo por meio da pesquisa em neurociência é que as explicações do cérebro podem acabar exigindo termos tais como crenças, desejos e sentimentos, bem como neurônios, sinapses e serotonina" (M. Schechtman, citada em Schafranske, 1997, p. 163). Apoiando-se na teoria multinível de Barbour (1990), Schafranske oferece a perspectiva integrada de que é a partir do *self* que os acontecimentos no **cérebro**

evoluem para significados **psicológicos**, dentre os quais o da busca de sentido.

Em resumo, a psicologia da religião é um assunto que decorre da própria natureza de estudos relativos às áreas das humanidades, as quais, durante muito tempo, foram chamadas de *ciências do espírito*, voltadas para a compreensão e a comunicação. Desse cenário, surgiu a possibilidade de a psicologia estudar a religiosidade, bem como de a religião estabelecer contato, um profícuo relacionamento com a psicologia, o que possibilita que ambas elaborem novas hipóteses e novos pressupostos, suscitando novamente em posicionamentos distintos quanto à existência humana.

Síntese

Neste capítulo, chegamos às seguintes conclusões:
- A religião é tão antiga quanto a existência da humanidade, por isso é difícil precisar o surgimento da primeira religião.
- Inicialmente, a psicologia pertencia ao âmbito da filosofia e não da ciência.
- Após o Iluminismo, a racionalidade ganhou espaço, o que fez ciência e religião se separarem.
- Ainda que religião e psicologia sejam áreas distintas, autônomas, com pensamentos, teorias e posicionamentos diferentes e, muitas vezes, até contrários, elas convergem no âmbito da psicologia da religião.

DEFINIÇÕES E CARACTERÍSTICAS DA RELIGIÃO E DA PSICOLOGIA

Conteúdos do capítulo:
- Definição de religião.
- Definição de psicologia.
- Principais conceitos e características da psicologia da religião.
- Distinções entre religião, religiosidade e espiritualidade.
- Presença da espiritualidade no campo da saúde.

Após o estudo deste capítulo, você será capaz de:
1. explicar o conceito e as principais características da religião;
2. definir os principais pontos acerca da psicologia;
3. conceituar e caracterizar a psicologia da religião;
4. identificar, na religião, fenômenos históricos, linguísticos, sociais, individuais e extrarracionais;
5. distinguir religião, religiosidade e espiritualidade;
6. analisar como a espiritualidade atua na área da saúde e quais são seus benefícios.

A religião é um fenômeno que une pessoas sob um mesmo sistema de crenças e valores. Ela se relaciona de forma direta com a cultura de um povo, sendo capaz não só de influenciá-la, mas também de absorver algumas de suas características. Todavia, outros meios, mais ou menos científicos, interferem na vida e no cotidiano humano. Nesse sentido, a psicologia é uma ciência que vem ocupando um espaço cada vez maior, sendo responsável por estudar o comportamento individual e coletivo dos seres humanos.

2.1 Religião

Ainda que muitas polêmicas girem em torno do debate religioso, e embora alguns defendam que "sobre religião não se discute", não há como ignorar a importância da religião e suas intervenções no cotidiano, já que até mesmo quem não assume uma religião pode ser afetado por ela de algum modo. Na vida de grande parte dos indivíduos, a religião é um dos meios de maior influência, no que se refere tanto à vida privada quanto à pública, em seu convívio social.

No Capítulo 1, vimos que as crenças, e com elas a religião, são, muito provavelmente, antecedentes ao *homo sapiens*, o que dificulta estabelecer o período de seu surgimento. Os primeiros traços determinantes de convívio social são derivados do contato do ser humano com sua família e com os ensinamentos de seus antepassados. Assim, é comum, por exemplo, que as crianças sigam a religião dos pais, mesmo sem entender o significado daquela crença, ou seja, elas apenas repetem comportamentos de seus pares, no caso, de seus familiares. Em segundo plano, o ser humano também absorve e é impactado pela convivência com a comunidade que o rodeia, tecendo um elo extrafamiliar. É nesse contexto que certos traços pertencentes à comunidade são interiorizados na consciência, podendo interferir na formação da personalidade e nas escolhas em diversas fases da vida de um indivíduo.

As tradições e as crenças derivadas da teologia não são totalmente capazes de decifrar as características objetivas da religião nem tampouco de estabelecer critérios diferenciadores entre os diversos tipos de crenças, ideologias ou grupos sociais. Assim, é necessário se apropriar de conceitos científicos capazes de definir os fenômenos religiosos. Todavia, cumpre salientar que essa análise não implica unir de forma displicente a ciência e a religião, visto que são áreas divergentes em muitos pontos, mas reconhecer possíveis convergências que fomentem uma relação proveitosa, ainda que a religião mantenha seu caráter espiritual, íntimo e individual (Galán, 1966).

A palavra *religião* tem origem no latim e carrega o significado de "unir" ou "re-unir". Cabe à religião, portanto, unir pessoas diferentes em uma mesma comunidade, em nome da fé. As diferenças de crenças geram manifestações e expressões de fé distintas. Por exemplo, católicos e protestantes são cristãos, mas suas crenças não são as mesmas: os católicos adoram, além do Deus Trino, os santos e suas imagens; já os protestantes romperam com essa prática e direcionam suas orações apenas a Deus, Cristo e Espírito Santo. As comunidades que se reúnem pela fé, em razão de causas religiosas, buscam o Divino, e essa crença interfere na maneira como os indivíduos enfrentam suas dificuldades. Galán (1966) enfatiza, ainda, que a história das religiões em muitos momentos se cruza com a experiência e o contato pessoal com o sagrado.

2.1.1 Definições e características gerais da religião

Muitas foram as tentativas de definir *religião*, sendo que a grande dificuldade repousa sobre o estabelecimento de um conceito que se adeque aos mais variados tipos de religiões, crenças e atividades religiosas, ou seja, um conceito capaz de unir as mais variadas divergências e encontrar aí alguns pontos comuns.

Segundo Gaarder, Hellern e Notaker (2000), um conceito fechado de religião não somente indicaria pontos em comum, como também, por comparação, poderia criar certo descontentamento por parte dos fiéis que tomam sua crença como a mais correta. Além disso, Gaarder, Hellem e Notaker (2000) chamam a atenção para o fato de que os pesquisadores, ao tentarem estudar as religiões sob uma perspectiva histórico-cultural – cujo método apresenta lacunas que precisam ser preenchidas por outros vieses, resultando sempre em um novo modo de se analisar tal fenômeno –, acabam suscitando mais questionamentos do que soluções. "A religião é, então, uma necessidade absoluta, nada menos que um componente da existência humana, que o indivíduo sente de comunicar com o infinito; é a fonte daquilo que sustenta o ser humano e de que o homem depende em muitos dos seus aspectos" (Galán, 1966, p. 3).

Por sua vez, Durkheim (1989, p. 79) define a religião como "um sistema de crenças e práticas em relação ao sagrado, que unem em uma mesma comunidade moral todos os que a ela aderem". Dessa forma, a função da religião é unir os indivíduos em um mesmo ambiente social, assumindo o papel de instrumento de controle social a fim de, por meio do código moral, manter a ordem, auxiliar novos adeptos e promover a reflexão acerca das atitudes que os homens tenham ou possam vir a ter (Monte, 2009).

Dessa forma, é evidente a relação entre a religião e o cenário histórico-cultural em curso. Cabe perscrutar, porém, de que maneira ela impacta o contexto, cujo domínio mais subjetivo não pode ser renegado, numa tentativa de se assumir um ato puramente científico ante a religiosidade, uma vez que esta é relativa às subjetividades humanas e suas emoções, alcançando possíveis explicações que escapam à ciência e à razão. A religião é capaz de atingir e de gerar efeitos positivos tanto para o ser humano, como indivíduo particular, quanto para o sujeito que circula em sociedade.

Características gerais

As religiões apresentam características próprias que alimentam suas especificidades e, por isso, as distinguem umas das outras. Todavia há convergências, ou seja, é possível encontrar pontos comuns entre as religiões, o que facilita a compreensão de certos fenômenos ligados a elas. Quando analisadas sob o ponto de vista de seus aspectos gerais, as religiões apresentam semelhanças como ter caráter público e hierarquias clericais. Um exemplo é o sistema hierárquico apresentado pelo catolicismo, que é subdividido entre a soberania do papa –atualmente, quem ocupa essa posição é o Papa Francisco (1936-), argentino cujo verdadeiro nome é Jorge Mario Bergoglio – e as funções de cardeais, arcebispos, bispos, padres, freiras etc. Outro aspecto semelhante entre muitas religiões é a manutenção de reuniões regulares. Os cultos evangélicos, por exemplo, são estipulados em encontros sucessivos, por vezes semanais, o mesmo ocorrendo com as missas católicas, as reuniões da religião espírita, entre outras religiões que, quer sejam cristãs, quer não, fixam limites entre o sagrado e o profano, isto é, distinguem o certo do errado, o bem do mal, a boa-fé do pecado.

Para saber mais

Recomendamos a leitura da matéria intitulada *Onde o sagrado e o profano se encontram*, cuja investigação relaciona aspectos religiosos com as capacidades e as características atribuídas à mente humana.

ONDE o sagrado e o profano se encontram. **Instituto Conectomus.** Disponível em: <https://www.institutoconectomus.com.br/onde-o-sagrado-e-o-profano-se-encontram/>. Acesos em: 1º jun. 2021.

A sacralização de determinados ambientes também é uma prática que se repete nos mais variados tipos de religião, sendo que a ideia do sagrado pode ser destinada a construções ou locais específicos ou à veneração de objetos tomados como divinos ou como representações fiéis de divindades. Vários exemplos poderiam ser elucidados, como a adoração de imagens de santos por parte dos católicos, aqui já mencionada, e o significado sagrado da vaca para os hindus.

As escrituras são outro elemento comum em diversas religiões. Seus textos servem de guia, pois contêm ensinamentos e ordens divinos. Todavia, não apenas as escrituras sagradas em sua forma escrita ganham esse destaque, visto que as narrativas também se manifestam e se propagam por meio da tradição oral. Um exemplo de texto sagrado para os judeus é a Torá, composta pelos cinco primeiros livros da Bíblia escritos por Moisés – Gênesis, Êxodo, Levítico, Números e Deuteronômio. Apartadas as crenças relativas a cada religião, podemos citar mais algumas semelhanças, como: os sacrifícios, as festas, os serviços funerários e matrimoniais, bem como a inclusão de certos hábitos, como a meditação, a arte e a construção de calendários religiosos. Embora, no Brasil, o Estado seja laico (conceito que será melhor examinado mais adiante), verifica-se que a maior parte da população é adepta ao catolicismo, que influenciou fortemente a assunção de feriados religiosos em território nacional brasileiro.

Por fim, uma última característica comum que merece destaque é a presença e a elaboração de um sistema de crenças vinculado ao sobrenatural, cuja principal finalidade é buscar pelo entendimento da morte e de uma possível vida após o passamento. Algumas religiões tencionam, ainda, explicar a origem do Universo sob a ótica do criacionismo – em detrimento do evolucionismo darwiniano, que defende a seleção natural, segundo a qual os seres vivos passaram por diversas evoluções até chegarem a sua forma atual (Bezerra, 2021b) –, tendo como base explicações religiosas e crenças que explicam o surgimento do mundo como por vontade/necessidade de um ser divino. Bezerra (2021b) aponta que a teoria criacionista se concentra nos livros sagrados das religiões monoteístas, ou seja, a Torá, a Bíblia e o Corão.

2.1.2 Tipos de religiões

No geral, as religiões se dividem em quatro principais tipologias: (1) panteístas, (2) politeístas, (3) ateístas e (4) monoteístas.

Os **panteístas** cultivavam crenças de manifestações religiosas mais primitivas, que não estavam escritas em livros sagrados. Segundo Hartshorne (2005, citado por Lopes, 2016, p. 104-105):

> O termo panteísmo, tomado em sua generalidade, designa a doutrina – pertencente aos âmbitos filosófico e religioso – ou a concepção de mundo segundo a qual há uma identificação entre os termos 'Deus' e 'mundo', ou seja, trata-se de uma doutrina que indica alguma forma de coimplicação entre Deus e o mundo. Isso pode ser verificado na origem etimológica do termo, uma vez que o mesmo deriva da junção de dois vocábulos gregos – *pan*, significando 'tudo' e *theos*, significando 'Deus'.

É importante enfatizar que o panteísmo também se caracterizava a partir das crenças destinadas e relacionadas aos espíritos da natureza – fenômenos como a chuva e a seca, por exemplo, são entendidos como manifestações do divino.

O **politeísmo**, por sua vez, surgiu posteriormente ao panteísmo e, pode-se dizer, como substituto dessa religião. No politeísmo, seres e elementos divinos foram personificados, divindades dos sexos feminino (deusas) e masculino (deuses) carregavam características equivalentes a seus gêneros e habilidades ligadas aos seus "poderes", aos quais todos os seres humanos estavam submetidos.

FIGURA 2.1 – Deuses mitológicos: denominações gregas e romanas

Zeus/Júpiter	Poseidon/Netuno	Hades/Plutão	Héstia/Vesta	Hera/Juno
Ares/Marte	Atenas/Minerva	Apolo/Febo	Afrodite/Vênus	Hermes/Mercúrio
Ártemis/Diana	Hefesto/Vulcano	Hélios/Sol	Deméter/Ceres	Dionísio/Baco
	Perseu	Héracles/Hércules	Prometeu	

Masterlevsha/Shutterstock

Na Antiguidade, entre os diversos deuses adorados durante o predomínio do politeísmo, uma das deusas mais conhecidas era Afrodite (ou Vênus, para os romanos), que representava o amor, a beleza e a sexualidade. Essa deusa inspirou, ainda, artistas renascentistas, que retomaram as influências da Antiguidade Clássica a fim de contrastar com a produção cultural da Idade Média (Diana, 2021).

Já o **monoteísmo** concentra sua adoração em apenas uma figura divina, um Deus absoluto, que é onipotente, onipresente e onisciente. O monoteísmo reúne mais de 50% da população mundial em número de seguidores, cujas crenças estão consolidadas em livros sagrados que trazem revelações de ordem divina. Cumpre ainda salientar que o fato de existir somente um Deus soberano não elimina a manifestação de figuras que sejam inferiores a Ele, pois também lhes são dedicadas atenção e fé.

Entretanto, nem todas as pessoas acreditam em um Deus ou em deuses, ou mesmo na figura de um ser central e supremo, o que não significa dizer que os **ateístas** são desprovidos de toda e qualquer fé, já que muitos creem em forças invisíveis e em energias capazes de explicar a interdependência que regula o funcionamento do Universo. Para Bezerra (2021a), o ateísmo pode ser compreendido como a negação da existência de divindades ou de qualquer tipo de experiência transcendental, ou seja, os ateístas acreditam apenas naquilo que pode ser cientificamente comprovado, descartando possíveis conhecimentos derivados da fé ou de uma experiência individual (subjetividade).

2.1.3 Religiões no cenário mundial

A religião é formada por crenças e práticas sagradas direcionadas à compreensão dos propósitos e significados da vida, buscando explicar, até mesmo, questões que fogem ao domínio da ciência, mas que podem ser justificadas pela fé e por dogmas religiosos. Assim, não se pode admitir apenas uma forma de religião, uma vez que dentro de cada religião existem segmentações, e não há uma limitação quanto ao surgimento de novas religiões, embora as que já existem passem, de tempos em tempos, por modificações na tentativa de se adequar às novas necessidades sociais, políticas, econômicas etc.

Em conformidade com as informações apresentadas por Coelho (2020), cerca de 6 bilhões de pessoas são adeptas a algum tipo de crença religiosa em todo o mundo, sendo que, desse número, mais da metade da população mundial é cristã ou muçulmana.

Apesar das várias dificuldades enfrentadas pelo **cristianismo**, bem como dos conflitos internos entre as crenças que o compõem, este ainda é considerado a maior religião do mundo, com mais de 2,4 bilhões de adeptos. Sob a perspectiva cristã, os seguidores acreditam na Santíssima Trindade (Figura 2.2), que é composta por Pai, Filho e Espírito Santo; contudo, essa adoração não guarda um caráter politeísta, já que a Santíssima Trindade é a representação de três pessoas divinas em uma só – Deus –, correspondendo, assim, a uma religião monoteísta.

FIGURA 2.2 – Triquetra: símbolo da Santíssima Trindade no cristianismo

Serhii Borodin/Shutterstock

O cristianismo é subdividido em várias crenças cristãs, como a divisão entre católicos e protestantes (já mencionada aqui). Seu livro sagrado é a Bíblia, que, curiosamente, é o livro mais lido em todo o mundo, o que comprova a força, a quantidade de adeptos e a relevância dessa religião para a sociedade em geral.

A segunda maior religião do mundo é o **islamismo**, que tem ganhado cada vez mais adeptos na Ásia e na África Subsaariana (Coelho, 2020), mas o país que, atualmente, concentra mais muçulmanos é a Indonésia. Assim como o cristianismo, o islamismo é uma religião bastante antiga e, ao longo do tempo, fortes rivalidades foram travadas entre essas religiões. Mesmo hoje em dia, em que a maioria dos países pregam a paz mundial, preconceitos são evidentes entre católicos e mulçumanos, postura que foi intensificada na virada do século, depois do ataque às Torres Gêmeas, em 11 setembro de 2001, embora não haja uma relação direta entre a religião – os preceitos religiosos muçulmanos – e o ataque terrorista. O livro sagrado do islamismo é o Alcorão. O Islã também apresenta uma divisão interna de crenças, entre sunitas e xiitas.

Conforme explica Costa (2021):

> Como religião, o Islamismo não se envolve unicamente na esfera espiritual, mas em todos os aspectos da vida humana e social. As questões religiosas desempenham uma função menos vital que no Cristianismo e a interpretação da lei tem ocupado um lugar mais importante na história do Islamismo. Em grande parte dos países islâmicos, os mais versados em matéria legal, são os que actuam como chefes religiosos. Não existe uma classe sacerdotal organizada.

O **hinduísmo** ocupa a terceira colocação no *ranking* das maiores religiões do mundo, sendo proeminente na Índia, no Nepal, em Maurícia e em Bali, na Indonésia. Quando comparada ao cristianismo e ao islamismo, a grande diferença do hinduísmo está na quantidade de divindades adoradas, pois, enquanto aquelas religiões são monoteístas, esta é politeísta, ou seja, seus seguidores acreditam na existência de vários deuses, cada qual dotado de características próprias e capacidade de atender a causas específicas relacionadas às particularidades dos indivíduos.

Outro fato importante é que a escritura sagrada do hinduísmo não está compilada em um único livro. As principais escrituras referentes a essa religião são os Vedas, os Upanishads, o Bhagavad Gita, o Ramayana e os Āgamas. Alguns dos deuses em que os hindus acreditam são: Dharma (deusa da ética e dos deveres); Karma (deusa dos desejos e das paixões); Ganesha (deus da ação, do intensão e das consequências), entre outros (Coelho, 2020).

FIGURA 2.3 – Ganesha

ninassarts.com/Shutterstock

Outra religião com significativo número de adeptos é o **budismo**, ocupando a quarta colocação entre as maiores religiões do mundo. Os ensinamentos budistas advêm das lições de Sidarta Gautama, ou simplesmente Buda, durante século VI a.C. O budismo, assim como as demais religiões, também apresenta uma subdivisão de crenças entre os Mahayana e os Theravada (Coelho, 2020). Vale apontar que existem divergências quanto a se considerar o budismo uma religião de fato, e essa indagação parte de seus adeptos, que entendem a prática budista como um modo de vida, para além de seu possível significado religioso.

Cabe mencionar, ainda, outras religiões igualmente relevantes, mesmo que menores em números de seguidores, como o **xintoísmo**, comumente praticado no Japão; o **Sikhism**, fundado pelo Guru Nanak na região de Punjab, na Índia (Coelho, 2020). Destaque também para o **judaísmo**, cuja trajetória é bastante complexa, principalmente visto o holocausto cometido durante a Segunda Guerra Mundial, em que milhares de judeus foram mortos. O judaísmo é uma das religiões abraâmicas mais antigas e dividida em três correntes principais: (1) ortodoxa, (2) conservadora e (3) reformista (Coelho, 2020). O livro sagrado dos judeus é a Torá, escrita por Moisés e que, em virtude disso, também é conhecida como *Lei Mosaica*.

Além das religiões ora mencionadas, Coelho (2020), ao elencar as 10 maiores religiões do mundo, apresenta ainda o **taoísmo** (seus seguidores destinam suas crenças a questões ocultas e metafísicas), o **xamanismo coreano** ou **Muism** (relativo às crenças destinadas a deuses e espíritos da natureza dos antepassados) e o **confucionismo** (baseado nos ensinamentos de Confúcio, cujo objetivo principal é alcançar a harmonia da vida e do mundo).

Exercícios resolvidos

1. A religião, desde a sua criação até os dias atuais, é de suma importância para a sociedade, em geral, e para o indivíduo, em particular. Considerando-se que 6 bilhões de pessoas assumem alguma crença religiosa, bem como as diferenças que as separaram nesse sentido, assinale a alternativa correta acerca do que se afirma sobre as 10 maiores religiões a nível mundial:
   A) Atualmente, o islamismo tem o maior número de seguidores, contando com 2,4 bilhões de adeptos, ainda que se trate de uma religião politeísta.

B] O hinduísmo e o budismo são religiões que apresentam o mesmo sistema de crenças, cuja distinção é apenas nominal, visto que seus seguidores se concentram em locais distintos.
C] O budismo, embora seja considerado uma religião, é entendido, por seu fundador e seus adeptos, como um modo de viver, pois sua prática ultrapassa a esfera religiosa.
D] O catolicismo pertence a um ramo do judaísmo e se encontra entre as cinco maiores religiões do mundo.

Gabarito: (c). O islamismo é a segunda maior religião do mundo e sua orientação é monoteísta. O hinduísmo e o budismo, ainda que apresentem alguns aspectos comuns, são religiões distintas, que comungam crenças igualmente dessemelhantes: o hinduísmo é uma religião assumidamente politeísta; o budismo, além de sua compreensão como religião ser alvo de discussões até hoje, é entendido como um modo de vida. O catolicismo, por sua vez, é uma crença pertencente ao cristianismo.

Assim, cabe às religiões conviverem em harmonia, caso contrário, sabe-se que as consequências de conflitos entre crenças são, muitas vezes, guerras de grande escala, extermínios, ou seja, grandes desastres históricos para a humanidade.

2.1.4 Religião no Brasil: breve menção à umbanda e ao candomblé

O Brasil é um país marcado pela diversidade em vários setores, cuja característica remonta ao período da colonização, em que grandes influências estrangeiras agitaram o território brasileiro. Assim, todos os povos que aqui estiveram deixaram um pouco de si, no papel de colonizador, colonizado ou vítima desse processo.

Muitas foram as heranças culturais herdadas dos negros em razão da escravidão, e, como não poderia ser diferente, religiões e crenças também foram alteradas e/ou acrescidas de novos valores advindos desse povo. Ainda que não sejam religiões com um número de seguidores muito expressivo, a umbanda e o candomblé, de origem afro-brasileiras, conjugam preceitos do catolicismo, do espiritismo, bem como de outras crenças de matrizes africanas, criando, assim, por meio dessa antropofagia, novas religiões.

> **PARA SABER MAIS**
>
> Embora a diversidade seja parte constituinte do Brasil, as diferenças muitas vezes ensejam desigualdades e preconceitos. No campo religioso, aquelas religiões com menos adeptos enfrentam resistências ainda maiores, como é o caso do candomblé e da umbanda. Com a intenção de que você conheça um pouco mais dessas crenças, que integram a história e a cultura do povo brasileiro, recomendamos a leitura seguinte matéria publicada na Carta Capital:
>
> PINHEIRO, A. C. As diferenças entre candomblé e umbanda. **Carta Capital**, 24 maio 2018. Disponível em: <https://www.cartacapital.com.br/diversidade/as-diferencas-entre-candomble-e-umbanda/>. Acesso em: 2 jun. 2021.

2.2 Religião: breve perspectiva sob os pontos de vista social, individual, linguístico e histórico

Uma das provas da versatilidade e da multidisciplinaridade que integram o âmbito religioso está em seu significado e sua importância para os fenômenos históricos, culturais e linguísticos, atingindo aspectos relativos à vida em sociedade e à vida privada e individual, estando ainda relacionada à cura de doenças pela fé.

FIGURA 2.4 – Religião e seu elo com diversos fenômenos

Diagrama com "Religião" ao centro e cinco círculos conectados: Fenômenos históricos, Fenômenos linguísticos, Instituições sociais, Cura de doenças, Experiências individuais.

Todos os campos guardam uma relação específica e de intersecção com a religião. Vejamos cada um deles a seguir.

INSTITUIÇÕES E FUNÇÕES SOCIAIS DA RELIGIÃO

As instituições sociais são corpos cuja principal finalidade é promover a proteção e a integração dos membros de uma sociedade. Para Max Weber (citado por Monte, 2009), tais instituições funcionam como mecanismos de vinculação e/ou integração do indivíduo ao meio social. Dessa forma, a instituição social só será coesa quando a coletividade formar uma sociedade, ou, em outras palavras, quando a união entre esses membros for capaz de atingir a coesão social.

Em resumo, a religião é entendida como uma instituição social, tendo em vista sua presença nas mais diversas culturas em todo o mundo e sua influência ao longo da história da humanidade. Até mesmo antes de se concretizar uma organização social bem definida, já existiam indícios de sistemas de crenças, por mais simples que fossem. Dessa forma, o tratamento da religião como instituição social não coloca em pauta o tipo de crença, mas o fato de esse corpo ser capaz de se perpetuar culturalmente, integrando esse meio e sendo impactado por ele. Salienta-se, ainda, que a religião cumpre uma função social, já que, por meio de suas crenças, as comunidades e os grupos sociais unem-se e criam elos em nome da fé. Esses indivíduos acabam desenvolvendo grupos de afeição, pois ficam imersos nas experiências coletivas proporcionadas pelos ritos e pelas reuniões da crença da qual são fiéis seguidores (Monte, 2009).

Além disso, segundo Monte (2009), a religião como função social também responde às pressões que o indivíduo sofre ao estar inserido em dada comunidade, principalmente se esta seguir preceitos, dogmas e regras orientados por determinada religião, uma vez que a união desse grupo ocorre pela moral ali convencionada. Essa moral, no entanto, não é necessária a um indivíduo isolado, que pode compartilhar de outra moral individual que não a coletiva que lhe é imposta. Sendo assim, faz parte da natureza seguir as normas com maior presteza quando o indivíduo se sente observado. Para Monte (2009, p. 252):

> Um indivíduo sozinho não necessita de uma moralidade. Para se socializar, no entanto, há uma moral coletiva à qual o indivíduo tende a se submeter, não importando qual seja a sua moral individual. Sendo assim, a coletividade deve incitar um aprimoramento da moral, pois, socialmente bem difundida, a internalização da moral prescindiria de entidades regulamentadoras, como o Estado ou a Igreja, ainda que política e religião permaneçam, na medida em que funcionam, como geradoras de moral.

Desse modo, a religião, como uma instituição que cumpre certa função social, também dá mostras de sua relação com o extrarracional, com o cientificamente incompreensível, quando, pela fé, propõe a cura de enfermidades, não importando o tamanho do problema, se de baixa ou alta gravidade, mas a qualidade da fé, pois, segundo os dogmas religiosos, o momento do descanso chegará.

Religião e a cura de doenças

A religião promove a cura de doenças pela fé. Assim, em meio a uma pandemia gerada pelo vírus *Sars-coV-2*, muitos céticos desacreditam dos poderes curativos advindos da religião. Todavia, as crenças, por meio de dogmas e orações, fornecem um auxílio, se comportam como uma "válvula de escape" para momentos difíceis, até quando se trata de enfermidades graves e com poucas chances de cura segundo o ponto de vista médico.

Várias matérias, estudos e artigos científicos defendem a amplitude da fé no controle de tratamentos para a cura de certas doenças. Por exemplo, doenças psíquicas, que necessitam de um tempo maior de tratamento, são o alvo mais frequente de orações e solicitações de cura às divindades.

> Tais igrejas apresentam-se como um mundo que acolhe e protege, oferecendo o que as pessoas procuram na religião: atendimento das necessidades, sentido para a vida e controle do presente e do futuro. Essas igrejas vêm atuando, consideravelmente, no campo da saúde. Prometem curas e amparo emocional, assim como interferem na maneira como os fiéis encaram, elaboram e aceitam esse fato. (Cerqueira-Santos; Koller; Pereira, 2004, p. 83)

Logo, as religiões atuam, direta ou indiretamente, em certos tratamentos, mesmo que não se possa comprovar seu embasamento científico e medicinal. Contudo, relatos fazem crer, dentro dessa comunidade religiosa, na graça ou no milagre alcançado pela fé.

Perguntas & respostas

O catolicismo é a religião com mais adeptos no Brasil; o segundo lugar pertence à crença evangélica. Ambas, porém, são religiões cristãs, que, embora manifestem algumas diferenças entre si, tomam a Bíblia como um livro sagrado no qual estão os dogmas a serem seguidos. Com base nessa constatação, o que se pode afirmar sobre a cura de doenças pelo viés religioso?

- Para os cristãos, que se orientam pelo Novo Testamento, Jesus, filho de Deus, realiza diversos milagres com a intenção de cumprir as profecias acerca da chegada e da vida do Messias na Terra. Jesus cura muitas pessoas de suas enfermidades e, até mesmo, restaura a vida dos mortos, tudo pela força da fé. Em vários momentos, Ele enfatiza que é necessário **crer**. Exemplos dessa natureza não estão presentes apenas no cristianismo, mas se manifestam de formas diversas e através de diferentes pessoas, em conformidade com os dogmas das religiões em foco.

A fé tem relações intrínsecas e diretas com a promoção do bem-estar mental das pessoas, já que suas buscas estão atreladas ao entendimento do mundo e de sua vida em particular; a figura da divindade, nesse sentido, as protegeria e as guiaria por caminhos corretos. Dessa forma, a fé pode ser uma grande aliada na cura de enfermidades emocionais e mentais; contudo, vale salientar que, assim como no caso de doenças físicas, o tratamento recomendado por profissionais habilitados não deve ser ignorado. Ainda, diagnósticos mais difíceis, cujo tratamento é complexo e doloroso, também dependem de uma atitude positiva por parte do paciente, a fim de que as chances de cura sejam maiores. Tal atitude faz com que o enfermo enfrente o diagnóstico com esperança, sem vivenciá-lo de maneira ainda mais dolorosa do que já é. Assim, o otimismo, a fé e o tratamento adequado têm capacidade de reverter doenças físicas e mentais.

Outro exemplo que mostra a relação firmada entre religiosidade e cura de doenças é a realização de promessas para se alcançar graças e possíveis curas. Nos casos em que a cura se efetiva, os fiéis passam a agradecer e cumprir o que havia sido prometido, como não comer carne durante um período ou visitar determinado templo, por exemplo, entre tantas outras hipóteses.

Religião e linguagem

A linguagem, normalmente ligada às áreas de domínio da racionalidade cartesiana, já existia antes mesmo que estas fossem criadas. Dessa forma, a linguagem não integra a origem da racionalidade e não pode ser compreendida como o único componente da matriz dos discursos científicos (Pinto, 2002). Pinto (2002) enfatiza que a relação entre religião e linguagem envolve a possibilidade de a religião ser codificada pela linguagem. Segundo ele,

> se a religião necessita de ser expressa em comunicação para outrém, então essa religião já não é a religião do simples indivíduo, mas do grupo que a assume num quadro discursivo específico. A verbalização para a compreensão é a assumpção de um quadro de referentes linguísticos que possibilita a comunicação: como veremos, a religião expressa em mecanismos de linguagem é, naturalmente, um processo de conhecimento e uma atitude teológica segundo um quadro societal específico. (Pinto, 2002, p. 85)

Portanto, a religião pertence ao campo da teologia, e não ao campo científico, cuja natureza é dotada de lógica própria, com funcionalidades e léxico específicos à prática das suas atividades sociais.

Religião e a formação do indivíduo

A religião é capaz de proporcionar reflexões importantes para os indivíduos e seu comportamento em sociedade. Sendo assim, é de suma importância para o desenvolvimento pessoal e individual das pessoas, já que elementos fundamentais da personalidade se relacionam com a esperança e a construção do sentido e dos objetivos da vida (Bernardi; Castilho, 2016). Como aspecto essencial da vida humana, a religião interfere em escolhas e comportamentos individuais e coletivos, daí a relevância dessa temática para a formação do indivíduo e de sua personalidade (assunto que abordaremos mais profundamente no próximo capítulo).

EXERCÍCIOS RESOLVIDOS

2. Segundo Bobsin (2011), a religião está presente no cotidiano de diversas maneiras, em celebrações, ritos, crenças e até mesmo na mídia, posicionando-se ante temas polêmicos. Além disso, diversas crenças religiosas surgem todos os dias, o que torna o estudo acerca desse campo ainda mais complexo. Porém, para o autor, a religião pode impactar várias áreas do saber científico, mesmo que não compartilhe dos atributos destas. Considerando-se a relação entre a religião e os fenômenos da vida humana, assinale a alternativa correta:

   A] A religião é uma instituição social, pois está presente nas mais diversas culturas em todo o mundo e faz parte da história da humanidade, influenciando e sendo influenciada por ela.

   B] A linguagem é um campo do saber que se relaciona de forma exclusiva com a racionalidade e a ciência, portanto, não pode ser vinculada à religião.

   C] A religião não pode, sob nenhuma hipótese, curar doenças, já que não compartilha de caráter científico, o que invalida toda e qualquer possibilidade de cura pela fé.

   D] A religião é uma instituição social, mas não desempenha função social, bem como não é capaz de orientar o ser humano em suas individualidades, atuando somente em conjunto, ou seja, dentro de uma comunidade.

> **Gabarito:** (a). Embora a linguagem normalmente seja atrelada à racionalidade cartesiana, ela não pode ser reduzida apenas a esse estudo, já que, antes mesmo dessa racionalidade surgir, a comunicação estava em voga no mundo. Nesse sentido, a relação da religião com a linguagem envolve um uso lógico específico, em razão das particularidades das religiões. Ainda, a religião pode e é associada à cura de doenças, sendo que cada crença entende e aplica seus dogmas de forma própria; muitas vezes, a religião é utilizada com a intenção de contornar e fornecer esperança para pessoas que enfrentam diagnósticos clínicos difíceis ou até mesmo impossíveis sob o olhar da medicina. Assim, muitos acreditam que a fé é capaz de alcançar milagres racionalmente inexplicáveis. Por fim, é evidente que a religião, além de ser uma instituição social, desempenha função social, sendo responsável por interferir na formação do ser humano como indivíduo e ser pertencente a uma comunidade, à sociedade como um todo.

2.3 Psicologia: definição, características gerais e métodos

As definições de *psicologia* variam ao longo do tempo, sendo que os posicionamentos assumidos dependem do olhar teórico efetivamente aceito. O campo de análise a partir do qual a psicologia está sendo vista também pode modificar a construção do que seria a própria psicologia, ou seja, de seu conceito. Nesse sentido, se o ponto de partida é a filosofia, o enfoque é histórico; agora, se a preocupação é científica, a tese é igualmente científica, cuja presença remonta os avanços propostos pelo Iluminismo (Todorov, 2007). Nesse sentido, Todorov (2007, p. 57) destaca que "a Psicologia seria a ciência da vida mental, o que quer que venha a ser *vida mental*. Outros, mais preocupados com o significado e as implicações dos termos incluídos em uma definição, afirmam ser a Psicologia o estudo do comportamento".

A psicologia ganhou contornos modernos por volta do século XIX, época em que se buscou entender os processos mentais do ser humano, os quais motivavam seus comportamentos. Harzem e Miles (1978) relacionam a psicologia ao estudo das interações de organismos interna e externamente (sob a perspectiva do ambiente no qual estão inseridos). Vale enfatizar que, embora o foco da psicologia seja destinado ao entendimento do homem, o estudo do comportamento de outras espécies pode promover contribuições nesse âmbito (Keller; Schoenfeld, 1950).

> Nessa caracterização da Psicologia, o homem é visto como parte da natureza. Nem pairando acima do reino animal, como viram pensadores pré-darwinianos, nem mero robô, apenas vítima das pressões do ambiente, na interpretação errônea feita por alguns autores de um comportamentalismo inexistente. Os homens agem sobre o mundo, modificam-no e, por sua vez, são modificados pelas consequências de sua ação. Alguns processos que o organismo humano compartilha com outras espécies alteram o comportamento para que ele obtenha um intercâmbio mais útil e mais seguro em determinado meio ambiente. (Todorov, 2007, p. 58)

Em conformidade com assuntos aqui já estudados, a psicologia é uma área com vários ramos, não podendo ser relacionada apenas à psicologia clínica, por mais que essa especialidade seja a mais conhecida. Assim, o profissional que opta por seguir essa profissão tem um vasto campo de atuação a sua escolha. Assim como outras áreas do saber, a psicologia apresenta diferentes métodos acerca dos quais os estudos podem ser efetuados, a saber: métodos introspectivo, experimental, clínico e psicanalítico (Santos, 2011). Contudo, o método precisa atender à complexidade do objeto de estudo, ou seja, da mente humana e das atitudes por ela promovidas, bem como prever os impactos que as escolhas podem representar para a vida e para a integridade de cada ser humano, como ser único em si mesmo. Vejamos, na sequência, cada um desses métodos.

Método introspectivo

O método introspectivo foi o primeiro a ser utilizado no campo da psicologia científica, cuja aplicação consiste em interpretar as emoções com base nas análises que os indivíduos fazem acerca de si mesmos (Santos, 2011). Assim como o próprio nome sugere, trata-se de um olhar introspectivo (de dentro). Dessa maneira, a observação envolve o ponto de vista do indivíduo sobre si mesmo, bem como a opinião de um terceiro acerca dessa análise – logo, o sujeito é observado enquanto se observa. Nesse sentido, a introspecção consiste no ato por meio do qual a pessoa analisa seus estados mentais e toma ciência acerca de cada um deles. As crenças, as emoções, os sentimentos, as memórias e os pensamentos são objetos do método introspectivo, pois, se presentes na mente humana, precisam passar por autoanálise a fim de serem relatados, explicados e, até mesmo, justificados como parte de pensamentos e/ou sentimentos pessoais.

De acordo com Schultz e Schultz (2016), o método introspectivo, também denominado *percepção interna*, cujo principal estudioso é Wilhelm Wundt, assume que, apenas pelo enfrentamento das experiências e das dificuldades, o indivíduo é capaz de decifrar e observar aquilo que está sentindo verdadeiramente. No entanto, o método introspectivo não serve a todas as situações, tendo em vista que nem todos os indivíduos estão aptos a realizar a autoanálise. Nesses casos, deve-se aplicar o método contrário ao introspectivo, o retrospectivo, em que se efetua uma análise de fatos e situações que levaram o indivíduo até a situação na qual se encontra.

As críticas a esses métodos (introspectivo e retrospectivo) baseiam-se nos argumentos de Auguste Comte (1798-1857), que destaca a impossibilidade de o indivíduo, estando no centro de diversas emoções e sentimentos, conseguir analisar aquilo que sente de maneira clara e concisa, pois os próprios sentimentos dificultam ou até impossibilitam uma observação coerente, o que pode trazer mais problemas e nenhuma solução às dificuldades vivenciadas pelo sujeito.

Método experimental

O método experimental, para ser empregado de forma bem-sucedida, precisa ponderar sobre as relações de causa e efeito, pois, somente assim, hipóteses e proposições podem ser elaboradas e transformadas em experimentos. Em outras palavras, na ausência de hipóteses, não se pode realizar testes, o que faz com que o método experimental deixe de ser funcional, ou seja, sua aplicabilidade estará comprometida. Assim, as variáveis dignas de serem experimentadas assumem caráter de variável independente ou variável dependente.

Segundo Souza (1998), a variável independente é aquela considerada determinante para a pesquisa, isto é, que figura como a causa, o efeito ou a consequência de determinado fato; essa variável é capaz de influenciar outras variáveis. Por sua vez, as variáveis dependentes correspondem a valores que, como o próprio nome sugere, necessitam de outras variáveis (*independentes*), visto que não são autônomas e seus resultados estão atrelados a outros fatores. Portanto se a variável independente for modificada, a dependente também é atingida por essa alteração. Azevedo (2017) determina, ainda, que a variável, independentemente do método experimental em psicologia, é aquela que pode ser manipulada pelo experimentador, sendo capaz de produzir efeitos sobre outras variáveis dependentes, acerca das quais o experimento efetua a medição.

Em conformidade com Azevedo (2017), o método experimental é composto por etapas (Figura 2.5), já que faz uso do método científico para realizar o experimento. Assim, a partir da coleta de dados, analisa-se o conjunto de procedimentos e princípios que servem para guiar os passos a serem seguidos pelos pesquisadores na intenção de solucionar as questões de pesquisa, até que se chegue às devidas conclusões.

FIGURA 2.5 – Etapas do método experimental

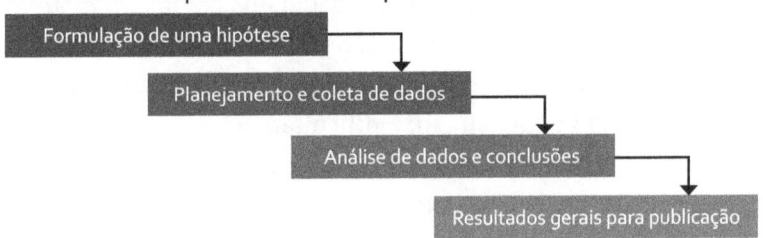

- Formulação de uma hipótese
- Planejamento e coleta de dados
- Análise de dados e conclusões
- Resultados gerais para publicação

Desse modo, o primeiro passo a ser seguido para que o método experimental seja colocado em prática é a formulação de uma hipótese, que corresponde à elaboração de suposições que se relacionem com diversos fatos; o segundo é o planejamento do estudo e da coleta de dados; o terceiro envolve a análise de dados e as conclusões provenientes dessa averiguação, sendo também nessa etapa que ocorre o registro das observações; por fim, o último passo concerne à generalização dos resultados, ou seja, é preciso resumir o processo e os experimentos aplicados para que pesquisas semelhantes possam aplicar a mesma metodologia. Dessa maneira, as conclusões obtidas podem ser convertidas em lei científicas, e também se faz necessário compartilhar os resultados de pesquisa com a população, para que esta possa acessar o estudo efetuado.

Embora o método experimental tenha evoluído muito nos últimos anos, assim como o método introspectivo, ele também apresenta limitações, ou seja, não se trata de um método perfeito tampouco completo. Suas dificuldades dizem respeito ao controle das variáveis, uma vez que a falta de um rígido controle atinge diretamente o objeto em estudo, e às questões de ordem ética, o que exige uma grande atenção por parte do pesquisador, pois, caso alguma norma ética seja violada, a experimentação pode ser prejudicada, podendo ter resultados ainda mais graves, como possíveis danos físicos ou psicológicos às pessoas que estão servindo de cobaia quando da aplicação das hipóteses.

Ainda, cabe salientar que, no caso da psicologia, o método experimental é destinado ao estudo da mente do ser humano, sendo que as características que formam a personalidade de cada indivíduo, tornando-o singular, dificultam o estabelecimento de métodos experimentais, principalmente no que se refere à etapa de generalização, já que as complexidades inerentes ao comportamento humano acabam dificultando o isolamento das variáveis independentes, o que impacta os experimentos.

MÉTODO CLÍNICO

O método clínico é definido por Lévy (2001) como o método que possibilita a abordagem do outro levando em consideração suas relações interindividuais e sociais. Para Diniz (2011), ele é capaz de explicitar a relação existente entre o sujeito e o saber. Os fundamentos básicos dos métodos clínicos advêm da medicina grega. Aguiar (2001, p. 610) explica o método da seguinte forma:

> Em uma palavra, o modelo médico é organicista, ou seja, considera que o patológico caracteriza-se pela doença do órgão físico. A existência ou não de lesão anatômica foi também para a psiquiatria do século XIX um fator de tal importância que, a partir dele, dois grandes grupos de doenças foram logo apartados. De um lado, as doenças que apresentavam uma sintomatologia regular e lesões orgânicas passíveis de identificação pela anatomia patológica; do outro, as neuroses, perturbações sem lesão e que não apresentavam a regularidade esperada.

No âmbito da psicologia, os métodos clínicos são mundialmente conhecidos, visto que, por meio deles, se realizam estudos profundos acerca do indivíduo ou de situações e problemas enfrentados por ele. Esse método, além de apresentar uma preocupação com o ser humano em si, também detém uma visão global e profunda dos processos que estão ocasionando ou influenciando determinados comportamentos, pois, ainda que os sentimentos e as emoções sejam influentes, nem sempre podem ser reduzidos à causa em sua totalidade, já que fatores externos ao indivíduo também interferem nesse processo.

Em conformidade com Aguiar (2001), o método clínico guarda uma relação com a psicanálise, cujo inventor e propulsor foi Freud, isso porque o termo *clínico* caracterizava, inicialmente, os procedimentos desse novo campo do saber, a psicanálise. Pereira (2014) relata que o método clínico efetua um atendimento individual de cada sujeito, em que a situação-problema a que o indivíduo está submetido é o objeto de explicação e resolução. Dessa forma, diferentemente do método introspectivo, no método clínico existe um terceiro responsável por observar.

> Coloca-se esse sujeito em uma situação problemática que ele tem [que] resolver ou explicar e observa-se o [que] acontece. Enquanto se produz a conduta do sujeito (que insistimos, pode consistir em simples ações, palavras ou em combinação de ambas as coisas), o experimentador procura analisar o que está acontecendo e esclarecer seu significado. Fixa-se em uma série de aspectos da conduta do sujeito e, à medida que vai se produzindo, realiza intervenções motivadas na atuação do sujeito, que têm como objetivo esclarecedor [...] o sentido do que ele está fazendo. Isso supõe que o experimentador tenha de se perguntar a cada momento qual é o significado da conduta do sujeito e a relação de suas capacidades mentais. (Delval, 2002, p. 68)

Sendo assim, a interpretação feita por terceiro é desempenhada pelo psicólogo, que deve analisar e compreender a atitude em questão a partir da procura e das significações provenientes da observação. Assim, a intuição e os conhecimentos que o psicólogo tiver adquirido ao longo da sua jornada pessoal e acadêmica são imprescindíveis para que ele tenha empatia com a situação que seu paciente está vivenciando, porém, é importante que o profissional se mantenha o mais imparcial possível, apesar de se reconhecer a impossibilidade de se inibir alguns aspectos intuitivos e emocionais.

MÉTODO PSICANALÍTICO

O *método psicanalítico*, como o próprio nome faz supor, é derivado da psicanálise que, por sua vez, pode ser entendida como uma disciplina científica de base epistemológica e ética. Assim, a psicanálise, no âmbito da ciência, passa a ser aplicada como um método, denominado *método psicanalítico*.

Como destacado anteriormente, Freud é o pai da psicanálise, sendo até hoje reconhecido por suas contribuições à psicologia. A psicanálise, mesmo que cientificamente aceita, ainda suscita questões de cunho especulativo (Silva; Macedo, 2016). Nesse cenário, Barros (2004, p. 22) chama a atenção para o fato de que

> Freud abordou o inconsciente não racional adotando as bases epistemológicas do Iluminismo, ou seja, do racionalismo iluminista, procurando estender o domínio da razão para o mundo das emoções. A psicanálise mostra o papel da interferência de fatores inconscientes na operação da racionalidade, e sugere que estes opõem obstáculos ao estabelecimento de um contato satisfatório com a realidade.

Assim, o método psicanalítico busca interpretar e atribuir consciência às informações que estão relacionadas ao imenso, profundo e complexo inconsciente humano, ambiente ainda mais complexo da mente, de difícil acesso e manipulação, se comparado ao consciente. A compreensão do inconsciente visa prestar esclarecimentos para comportamentos fora do padrão convencional, cujos resultados são grandes perturbações e desconfortos para a vida humana e que raramente podem ser solucionados sem o auxílio de um profissional.

A complexidade relativa ao inconsciente é tão ampla que até mesmo a explicação do termo pode ser confusa. Ao realizar uma busca da palavra *inconsciente* no Google, o resultado mostra imagens de *icebergs*, que representa a relação entre a criação, amparada em aspectos religiosos, e a evolução, fundamentada em critérios evolucionistas. A pequena ponta do *iceberg* figura, na maioria dos casos, como apenas uma pequena parte do que está no inconsciente, cuja maior extensão não é facilmente acessada tampouco visível a todos.

> Analistas contemporâneos mostram que a própria razão e o princípio da realidade não existem no vazio, provêm de algum lugar e assim estão também sujeitos a conflitos, bloqueios e insuficiência de desenvolvimento. Ao modelo amplificado que incluía não apenas mecanismos de defesa para eliminar conteúdos da consciência, mas igualmente a possibilidade do próprio ego e seus objetos internos cindirem-se da mesma forma como funções mentais podem ser eliminadas, foi introduzida a ideia de que o funcionamento da razão pode ser desafiado pela limitação das experiências emocionais e pela precariedade das funções mentais à sua disposição. Nessa perspectiva, a sanidade mental baseada no funcionamento racional e no contato satisfatório com a realidade, é sempre duramente conquistada toda vez que o ego é submetido a tensões. (Barros, 2004, p. 22)

Perpassamos, assim, ainda que resumidamente, pelos principais métodos empregados no âmbito da psicologia. Agora, com base nesse conhecimento, avançaremos para as especificidades acerca da psicologia da religião, buscando distinguir melhor os termos *religião*, *religiosidade* e *espiritualidade*, que, embora semelhantes, não se confundem.

2.4 Religião, religiosidade e espiritualidade

Até aqui, vimos que há uma certa dificuldade em se definir *religião*. Muitos estudiosos, contudo, dedicam seu tempo a essa área e, com base em conhecimentos compartilhados, já apresentaram importantes conceituações. Os objetos por eles estudados – consequentemente, também, os termos convencionados – não são estáticos, e essa característica se torna ainda mais urgente quando se pensa na relação entre o conceito e sua realidade, já que faz parte da natureza humana e da sociedade como um todo o apelo à modificação, algumas mais céleres, outras mais lentas. Sendo assim, a constante evolução do mundo é inevitável.

A religião e suas várias definições enfrentam, dessa forma, fortes mudanças. Nesse cenário, novas crenças podem surgir, as necessidades sociais podem mudar, fazendo com que a predominância de uma religião seja alterada por outra, a depender dos dogmas disseminados. Ainda, religiões e crenças em todo o mundo também estão ligadas ao contexto e a uma dada situação que regula sua existência. Exemplos disso são a Reforma Protestante e a Reforma da Igreja Católica, e, mais recentemente, as decisões tomadas pelo Papa Francisco, como a flexibilização relativa a pessoas divorciadas e a uniões entre pessoas do mesmo sexo.

Diante disso, a fim de estabelecer uma diferença entre *religião*, *religiosidade* e *espiritualidade*, primeiramente é necessário conscientizar-se acerca das mudanças de significados dessas palavras a depender de fatores culturais, sociais, políticos, ambientais, econômicos, entre outros. Gomes, Farina e Dal Forno (2014) entendem a espiritualidade, a religiosidade e a religião como três categorias distintas, mas que mantêm relações entre si, não podendo ser desconectadas, pois alimentam experiências inseparáveis, em que uma categoria completa a outra e juntas desempenham um papel fundamental na formação do indivíduo e na atribuição de um sentido para a vida humana, o que não significa, contudo, que não haja diferenças entre elas, já que cada dimensão revela sua singularidade ante a experiência de cada indivíduo em particular.

FIGURA 2.6 – Relação entre religião, espiritualidade e religiosidade

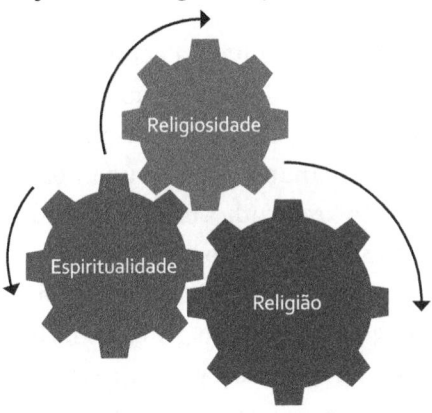

A **espiritualidade** pode ser compreendida, de forma geral, como o ato de destinar cuidados para assuntos do espírito, que, não necessariamente, são relativos à religião, uma vez que abrangem outros campos da vida humana, que, claro, podem vir a ser completados pela religião ou, até mesmo, auxiliar em seu aprimoramento. Gomes, Farina e Dal Forno (2014) determinam, com base na análise de conteúdo efetuada em seu trabalho, que a espiritualidade pode ser entendida como uma dimensão que se ocupa de todos os seres humanos, cuja responsabilidade é impulsionar os indivíduos na busca pelo sagrado, envolvendo também a procura pelo sentido da vida.

A **espiritualidade não é monopólio das religiões** ou de algum movimento espiritual. Ela é inerente ao ser humano. É a dimensão que eleva a pessoa para além de seu universo e a coloca frente as suas questões mais profundas, as que brotam da sua interioridade, no anseio de encontrar resposta às perguntas existenciais: de onde vim? Para onde vou? Qual é o sentido da minha vida? Que lugar eu ocupo neste Universo? Que propósito tem minha vida? Por que aconteceu isso comigo? (Gomes; Farina; Dal Forno, 2014, p. 109, grifo nosso)

Melo et al. (2015) relacionam a espiritualidade à obtenção de uma boa qualidade de vida e mencionam que a Organização Mundial de Saúde (OMS) abrangeu a espiritualidade como um dos componentes de manutenção da saúde. Sob essa perspectiva, a espiritualidade não é reduzida a uma crença ou prática religiosa específica, cabendo aos profissionais da saúde desempenharem suas funções de maneira imparcial, já que atendem pessoas das mais diversas religiões. A atuação profissional baseada na espiritualidade pode gerar ganhos ao paciente, mas deve-se evitar interferências pessoais, ou seja, que estejam reguladas por religiões ou religiosidades atinentes às crenças do profissional. O trabalho de Gomes, Farina e Dal Forno (2014) ainda mostra que a espiritualidade também se relaciona com o campo da inteligência intelectual e da inteligência emocional, haja vista a promoção da criatividade na busca por soluções de problemas vivenciados cotidianamente.

Por sua vez, a **religiosidade** corresponde a uma expressão ou à prática de dogmas adotados, podendo estar atrelada a uma instituição religiosa. Dessa forma, a religiosidade seria a expressão da espiritualidade (Oliveira; Junges, 2012), isto é, por analogia com termos do campo da biologia, a espiritualidade corresponderia ao gênero e a religiosidade à espécie – aquela preocupa-se com uma dimensão espiritual mais abrangente, enquanto esta tem um caráter mais específico e fechado. Nesse sentido, a religiosidade confere a seus seguidores maior tranquilidade, tendo em vista que, por determinada crença, os indivíduos conseguem lidar com acontecimentos e problemas de forma mais paciente e serena, havendo menos interferência de fatores como o estresse e a ansiedade, já que, em teoria, têm um maior controle sobre as situações a que estão expostos (Fornazari; Ferreira, 2010).

Para Melo et al. (2015), a religiosidade é um fenômeno por meio do qual o homem se sente apto a responder questionamentos internos sobre a sua existência, ou seja, é a possibilidade de o indivíduo refletir acerca de suas relações e do papel que exerce perante o mundo no qual está inserido. Nesse sentido, Pinto (2009, p. 74) enfatiza:

> A religiosidade tanto pode ser uma fonte de força para as pessoas como pode, também, ser um refúgio para a fraqueza, sendo que nenhuma dessas duas possibilidades é boa ou ruim por si mesma. Como o ser humano tem capacidade tanto para o bem quanto para o mal, a religiosidade pode, por um lado, corroborar a dignidade pessoal e o senso de valor, promover o desenvolvimento da consciência ética e da responsabilidade pessoal e comunitária, ou, por outro lado, a religiosidade pode diminuir a percepção pessoal de liberdade, pode gerar uma crença de que não seja tão necessário o cuidado pessoal, e pode facilitar a evitação da ansiedade que geralmente acompanha o enfrentamento autêntico das possibilidades humanas.

Importante destacar que a principal diferença entre *espiritualidade* e *religiosidade* está no fato de que a primeira é um sentimento íntimo existencial, relativo ao entendimento do sentido da vida e da existência, podendo ou não estar relacionada à certa explicação divina, enquanto a segunda se refere às crenças e práticas pertencentes a uma doutrina específica, que são compartilhadas em uma comunidade que adota os dogmas religiosos e os pratica por meio de cultos e rituais de fé (Murakami; Campos, 2012).

Pinto (2009) menciona que nem sempre a relação firmada entre a espiritualidade e a religiosidade é harmoniosa, pois a religiosidade pode ampliar e aprofundar os assuntos referentes à espiritualidade, bem como conferir um nível maior de abstração à dimensão espiritual, cujo resultado pode ser um sentimento de fuga ou uma atribuição de caráter superficial à religiosidade. Por essa razão, essa aliança tem de ser complementar. Não se trata, portanto, de substituir uma pela outra, mas alguns critérios e cuidados precisam ser tomados a fim de que não sejam gerados novos prejuízos ao indivíduo.

A religião, por seu turno, pode ser entendida como uma ordem institucional, pois, quando se pensa em religião, esse conceito está associado a uma dada instituição, e não diretamente ao divino (Silva; Siqueira, 2009). Em outras palavras, o conceito relativo à religião inclui aspectos de âmbito institucional e doutrinário, ou seja, é de suma importância a vivência religiosa; já a espiritualidade e a religiosidade estão ligadas a dimensões experimentais (Oliveira; Junges, 2012).

Para Gomes, Farina e Dal Forno (2014), a religião, em alguns sentidos, pode favorecer ou prejudicar a saúde do ser humano; contudo, no geral, ela oferece bem-estar à saúde mental das pessoas, dando-lhes esperança e fé no cumprimento dos dogmas e no estabelecimento de uma relação íntima com o transcendente.

Exercícios resolvidos

3. Os conceitos de religiosidade, espiritualidade e religião são distintos, ainda que se complementem. A religiosidade está atrelada à melhoria da qualidade de vida, tendo um elo bastante relevante com a espiritualidade. Nesse sentido e considerando a importância da espiritualidade, assinale a alternativa correta:

A] A espiritualidade concerne a uma religião específica, assim, todas as pessoas que seguem uma religião são espirituosas.
B] A espiritualidade, independentemente da religião, preocupa-se em estabelecer o equilíbrio e a harmonia na convivência em sociedade.
C] A espiritualidade vai de encontro com o modo de vida e as relações firmadas pelos indivíduos, já que não faz parte do cotidiano dos seres humanos e só é posta em prática nos centros espirituais.
D] A espiritualidade é dotada de caráter puramente institucional, por isso é confundida, erroneamente, com a religiosidade.

Gabarito: (b). A espiritualidade pode oferecer caminhos à religião, mas seu papel ultrapassa o âmbito religioso, por isso não pode ser diretamente associada a determinadas religiosidades ou crenças, pois sua preocupação volta-se à própria natureza humana, à garantia do bem-estar, da harmonia e do equilíbrio social. Já o caráter institucional é intrínseco à religião, mas não à religiosidade e à espiritualidade, uma vez que estas pertencem à dimensão experimental, cuja característica enseja a diferença entres esses termos.

Logo, considerando-se o íntimo contato entre a religião e a psicologia, bem como as distinções apresentadas entre espiritualidade, religião e religiosidade, os psicólogos ainda enfrentam dificuldades quanto à diferenciação e à compreensão prática desses termos, havendo ainda mais obstáculos quando se trata de sua implementação em atendimentos clínicos. Normalmente, recomenda-se que, na dúvida, esses profissionais baseiem suas atividades na espiritualidade.

Síntese

Neste capítulo, chegamos às seguintes conclusões:

- A definição de *religião* é complexa, já que essa é uma palavra que passa por modificações à medida que os interesses da sociedade se alteram.
- A psicologia está relacionada à busca do bem-estar da saúde mental humana e baseia-se em quatro métodos principais: (1) introspectivo, (2) experimental, (3) clínico e (4) psicanalítico.
- A religião é capaz de impactar e ser impactada por fenômenos históricos, linguísticos e culturais.
- A religião, além de ser entendida como uma instituição social, também é dotada de função social e é relevante para a vida e a formação da personalidade dos indivíduos.
- Ainda que haja muita confusão em torno dos termos *espiritualidade*, *religiosidade* e *religião*, estes não se confundem, mas podem apresentar relações entre si.
- A espiritualidade traz importantes contribuições para a saúde humana.

RELAÇÕES ENTRE RELIGIÃO, RELIGIOSIDADE, ESPIRITUALIDADE E SAÚDE

Conteúdos do capítulo:
- Estudo da religiosidade.
- Espiritualidade: qualidade de vida e saúde mental.
- Aspectos relacionados a moral, culpabilidade, bem-estar subjetivo e saúde mental.
- Psicologia da religião: definição e características.

Após o estudo deste capítulo, você será capaz de:
1. explicar as especificidades relativas ao estudo da religiosidade;
2. definir qualidade de vida e saúde mental;
3. expor de que maneira a espiritualidade influencia a qualidade de vida e a saúde mental;
4. analisar quais são os principais aspectos relativos a moral, culpabilidade, bem-estar subjetivo e saúde mental;
5. identificar quais são as principais características atinentes ao conceito de psicologia da religião.

A religião, a espiritualidade e a religiosidade, ainda que sejam conceitos distintos, mantêm uma relação entre si, isto é, não podem ser estudados de forma totalmente dissociada, mas também não podem ser confundidos. Assim, o estudo de tais conceitos exige um olhar de complementariedade.

A espiritualidade pode ser entendida como assuntos destinados às questões do espírito, podendo ou não estar ligados à religião. A religiosidade, em caráter geral, é a expressão ou a prática de dogmas adotados pelos crentes por meio de ações tidas como corretas e, por isso, necessárias, estando comumente vinculada às instituições religiosas e assemelhando-se, em muitos aspectos, à espiritualidade. Já a religião tem caráter destinado à explicação da ordem institucional, cujas características estão mais atreladas à ideia de instituição do que ao divino em si.

Neste capítulo, discutiremos mais profundamente tais conceitos, relacionando-os a questões da psicologia, como qualidade de vida e saúde mental, perpassando por aspectos relativos a moral, culpabilidade e bem-estar subjetivo.

3.1 Estudo da religiosidade

Para que possamos avançar nos estudos da religiosidade, é necessário, primeiramente, que façamos uma breve revisão de seu conceito. A religiosidade está diretamente relacionada à natureza humana, pois mesmo quem não segue uma religião, no geral, pratica alguma religiosidade, que pode ou não estar vinculada à crença em um ser divino, visto que as expressões de fé ultrapassam dogmas e normas estritamente religiosas, atingindo um sistema de ações ligadas à ideia de divindade, na figura de Deus, de energia e vibração cósmica ou de Natureza, por exemplo. Em outras palavras, a religiosidade é inerente ao ser humano, fazendo-se presente até mesmo em ateus, visto que a razão, nesse caso, alimenta o espírito.

Como vimos, a religiosidade deriva da espiritualidade, sendo esta mais abrangente que aquela, porém ambas guardam certa relação entre si, uma vez que a religiosidade não segue, necessariamente, uma religião. Nesse sentido, há pessoas que, embora não assumam uma religião, não estão totalmente desvinculados de algum tipo de religiosidade. Dessa forma, a religião corresponde a um conjunto de crenças, filosofias e dogmas cujo objetivo é orientar grupos de pessoas conforme seus ensinamentos, suas doutrinas e seus costumes. A religiosidade, por sua vez, não apresenta regras específicas, podendo ser expressa tanto de maneira individual quanto em conjunto.

Tais diferenças entre religião e religiosidade fomentam polêmicas e, por vezes, sérias confusões. Essa discussão atinge leigos e especialistas na área, ou seja, incide sobre os próprios religiosos (praticantes leigos) e cientistas da teologia.

> **PARA SABER MAIS**
>
> A esta altura, já sabemos que os termos *religião* e *religiosidade* não são sinônimos. Contudo, caso ainda haja alguma dúvida acerca dessa distinção, recomendamos que você assista ao vídeo a seguir:
>
> RELIGIÃO ou religiosidade? – Baú do Cortella #29. **Canal do Cortella**. (12m 36s). Disponível em: <https://www.youtube.com/watch?v=1VVv629a9zo>. Acesso em: 7 jun. 2021.

Em conformidade com Pietrukowicz (2001), a religiosidade promove interação entre pessoas pertencentes a um mesmo grupo, tendo em vista o estabelecimento de vínculos de amizade e a sensação de pertencimento; assim, o apoio social derivado da religiosidade e da espiritualidade proporciona benefícios para a saúde e o desempenho de diversas atividades cotidianas. Nesse sentido, Zerbetto et al. (2017, p. 2) enfatizam:

A espiritualidade consiste em uma relação pessoal com o objeto transcendente (Deus ou Poder Superior), o metafísico, em que a pessoa busca significados e propósitos fundamentais da vida e que pode ou não envolver a religião. A religião é o sistema organizado de crenças, práticas e rituais relacionados com o sagrado, mas também pode envolver regras sobre condutas orientadoras da vida num grupo social. Ela pode ser praticada em uma comunidade ou individualmente.

A religiosidade guia, por meio de diretrizes gerais, os comportamentos e as escolhas feitos durante a vida do sujeito, colocando em pauta as ações autodestrutivas ou geradoras de atos nocivos, de forma a mostrar ao indivíduo a necessidade de enfrentamento das adversidades e das complexidades impostas pela vida. Assim, a religiosidade integra a vida humana em seus âmbitos individual (físico e psíquico), social e cultural por meio da oferta de valores morais, crenças, costumes, sentimentos e comportamentos (Zerbetto et al., 2017).

Segundo Dias (2012), entre *religião*, *espiritualidade* e *religiosidade*, verifica-se uma maior dificuldade em se definir concretamente o que seja *religiosidade*, pois a este termo está associada uma série de concepções complexas. Por exemplo, há estudiosos que relacionam a religiosidade a um atributo referente a uma religião específica; outros a entendem como extensão de uma crença individual, podendo ser organizacional (participação no templo religioso) ou não organizacional (por meio de rezas, leitura de livros, escuta de programas religiosos no rádio ou na televisão) (Lucchetti et al., 2010).

Religiosidade é uma palavra que engloba vários pontos de vista e posicionamentos e, no geral, está vinculada a comportamentos, emoções e pensamentos derivados de crenças acerca do sagrado associadas a determinadas tradições ou denominações religiosas.

Dessa forma, pode abranger tanto os comportamentos abertos, comumente ligados à religião (cultos e missas), quanto aqueles vinculados às experiências pessoais, que ultrapassam o domínio estritamente religioso e aceitam crenças individuais manifestadas por meio de orações, meditação etc. (Dedert et al., 2004).

Aquino et al. (2009, citado por Dias, 2012) determinam que a religiosidade, quando relacionada à religião, assume um sentido mais limitado. Contudo, ela não se manifesta de forma exclusiva por meio de crenças religiosas, mas também através de causas e possíveis maneiras de o ser humano encontrar sentido para sua vida. Diante disso, a religiosidade está atrelada à experiência mais geral da vida humana, razão por que também pode modificar o modo de o indivíduo enxergar o mundo e as dificuldades a ele associadas, daí advém sua capacidade de oferecer suporte e cumprir um papel relevante na esfera social.

Dias (2012), tendo como base os estudos efetuados por Koenig e Büssing (2010) e Moreira-Almeida et al. (2010), apresenta três dimensões constitutivas da religiosidade:

1. **Religiosidade organizacional (RO)**: Corresponde à frequência de ida aos templos religiosos (atividades religiosas protocolares, como missas e cultos semanais) ou à prática geral da religiosidade, isto é, exercida fora das instituições formais.
2. **Religiosidade não organizacional (RNO)**: Engloba comportamentos pertencentes à esfera informal ou privada. Em outras palavras, são ações que não ocorrem no interior das instituições religiosas, podendo-se manifestar individualmente ou por meio da promoção de encontros de pequenos grupos. Por exemplo: orações realizadas antes de dormir; encontros para rezar o terço na casa de um familiar em meses com significado especial, como é o caso de maio (Mês Mariano), ou para celebrar alguma

festividade religiosa, como o Natal em dezembro, data em que se comemora o nascimento de Jesus Cristo.
3. **Religiosidade intrínseca (RI) ou subjetiva:** Diz respeito ao sentimento interno de cada pessoa quanto à presença da religiosidade em sua vida íntima. Com base nessa dimensão, é aferido o "quanto a pessoa se considera religiosa" (Dias, 2012, p. 17). Essa dimensão, portanto, está ligada a algo internamente humano. Aqui, os aspectos psicológicos ganham maior importância, já que, nessa dimensão, as crenças, os conhecimentos e as atitudes relativos às expressões religiosas adquirem maior significância. Além disso, por esses aspectos estarem associados ao lado intrínseco do homem, também concernem às experiências pessoais interpretadas como significativas por cada indivíduo dentro de sua religiosidade ou religião.

Sabe-se que a religião cumpre uma função social, e a religiosidade também apresenta essa mesma característica. Para Monte (2009), considerando os ensinamentos de Émile Durkheim, Max Weber e Pierre Bourdieu, a religiosidade não apenas age socialmente, como também suscita importantes reflexões. Desde o início da humanidade, ela é responsável por destacar e demonstrar a essência do homem, estando vinculada tanto às explicações relativas à figura do divino quanto à busca humana pelo sagrado. Nesse sentido, Monte (2009, p. 249) destaca:

> As religiões se constituem de sistemas simbólicos com significantes e significados particulares, logo, portanto, do ponto de vista de um indivíduo religioso, caracteriza-se como a afirmação subjetiva da proposta de que existe algo transcendental, extra/empírico, maior, fundamental e mais poderoso do que a esfera que nos é imediatamente acessível através do instrumentário sensorial humano. Portanto, é um universo multidimensional, que se revela

nas interfaces da fé, através dos rituais, pela experiência religiosa, na constituição das instituições e contribuição de um código próprio da ética que versará e refletirá as condutas desses indivíduos.

A expressão da religiosidade é um termo amplo normalmente entendido como a forma pela qual a religiosidade se manifesta, seja por meio da comunicação, do compartilhamento de experiências religiosas, seja mediante relações capazes de gerar ações e sentimentos que aproximem o sujeito da ideia do divino ou do sobrenatural. Assim, a religiosidade é externada em muitas situações, estando vinculada a costumes, valores, moral e cultura de determinado local/época. Logo, a expressão da religiosidade nordestina é distinta da sulista, por exemplo.

Considerando-se a própria natureza da expressão religiosa, é fato que esta não poderia permanecer alheia às modificações do pensamento humano. É normal, e até mesmo desejado, que a expressão da religiosidade seja manifestada de diferentes formas, a depender de seu contexto. Essa expressão está vinculada a uma prática relativamente recente, que ganhou força a partir do século XX, quando grandes eventos atingiram a humanidade, como a Segunda Guerra Mundial e a Guerra Fria. Assim, novas expressões religiosas adotaram outras maneiras de lidar com o transcendente, aliando ensinamentos derivados da teologia, da filosofia e da sociologia, uma vez que essas áreas passaram a ser compreendidas como meios de busca por respostas a questões complexas relacionadas à natureza humana, cuja necessidade aflorou nesse mundo pós-guerra.

As expressões religiosas estão presentes no cotidiano das pessoas no mundo todo. Contudo, de modo a limitar o tema aqui discutido, bem como circunscrever o contexto brasileiro, discutiremos apenas as expressões contemporâneas predominantes em território nacional.

Atualmente, as expressões religiosas podem se manifestar de diversas maneiras: algumas advêm de escolha e ato conscientes do indivíduo; outras, por sua vez, correspondem a um modo de disseminar, até mesmo inconscientemente, a cultura, o costume e os hábitos de certa religiosidade. Assim, muitas expressões religiosas estão culturalmente enraizadas, como na educação de pais e avós que ensinam seus filhos e netos a pedirem a benção e esperarem a resposta "Deus te abençoe". O carnaval também serve de exemplo, uma vez que sua manifestação remonta à Antiguidade e está estreitamente ligada a datas religiosas, e, embora na maior parte do Brasil seja diferente, em alguns locais o aspecto religioso ainda é enfatizado, como no carnaval de salvador, cujos blocos costumam fazer menção a orixás do candomblé (religião de matriz africana).

O Brasil, país laico, mostra muito de sua história e cultura pelo viés religioso. Embora a Constituição Federal (CF) de 1988 estabeleça em seu texto separações entre a religião e o Estado (Brasil, 1988), verifica-se que, em algumas situações, essas instituições e seus ordenamentos são confundidos. Vale lembrar do nosso calendário marcadamente cristão, em que muitos feriados correspondem a dias santos, assim como de grandes festas e comemorações referentes a padroeiros e padroeiras, como o São João, festividade ampla no Nordeste, que gera aumento do turismo e da economia local. Na verdade, essa festa é uma homenagem aos santos do mês de junho e julho, como Santo Antônio, São João e São Pedro.

FIGURA 3.1 – Santos homenageados nas festas juninas no Brasil

Carla Nichiata/Shutterstock

Nesse sentido, e sob a perspectiva do catolicismo, ainda predominante no Brasil, as expressões da religiosidade popular são manifestadas todos os anos também por meio de festas patronais, novenas, rosários, vias sacras, procissões, danças e cânticos do folclore religioso, devoção a santos e santas, promessas, oferendas, orações e celebrações de diversas naturezas. No geral, essas manifestações religiosas são conhecidas pela maioria da população, não podendo ser legalmente inibidas, tendo em vista o que dispõe a CF sobre o direito (e o respeito) à liberdade religiosa (Brasil, 1988). Todavia não apenas o catolicismo se expressa no cotidiano brasileiro, mas também outras religiosidades, como o candomblé, a umbanda, o espiritismo etc.

Sabe-se que os indivíduos e a sociedade em geral estão sujeitos a mudanças, o que revela que novos interesses e necessidades precisam ser atendidos. Assim, as religiões que já existem há muitos tempo, para assegurar sua sobrevivência, modificam seus paradigmas, além, é claro, de surgirem novas crenças nesse percurso. Depois das diversas guerras e embates causados em razão das diferenças religiosas, atualmente, procura-se empregar o respeito mútuo entre as religiões, cujas expressões têm de ser igualmente respeitadas. A liberdade é um direito fundamental do ser humano, por isso as disposições da CF garantem sua proteção (Brasil, 1988).

A CF foi promulgada após o período da ditadura militar, em 1988, com a intenção de modificar o cenário repressor vivenciado por 21 anos. Assim, a Lei Maior do Brasil destinou atenção especial ao estabelecimento de direitos fundamentais relativos à dignidade da vida humana em seus âmbitos individual, coletivo e social. Por essa razão, essa legislação ficou conhecida como *Constituição Cidadã*, cujo maior avanço conquistado foi, sobretudo, o estabelecimento de direitos mais amplos e seguros para a população brasileira, que teve grande parte da sua liberdade restringida pela censura e outros atos decorrentes do período de ditadura militar. Assim, em conformidade com Lins et al. (2016), a liberdade e a igualdade garantem a dignidade da pessoa humana, por isso fundamentam a democracia do Estado.

A liberdade pode ser manifestada de várias formas, e não corresponde unicamente ao fato de o indivíduo estar ou não encarcerado, pois é entendida como um direito inalienável, integrando, por isso, os direitos personalíssimos. Para Santiago (2015), a liberdade de expressão é uma das formas de liberdade. Segundo o autor:

> Recebe o nome de **liberdade de expressão** a garantia assegurada a qualquer indivíduo de se manifestar, buscar e receber ideias e informações de todos os tipos, com ou sem a intervenção de terceiros, por meio de linguagens oral, escrita, artística ou qualquer outro meio de comunicação. O princípio da liberdade de expressão deve ser protegido pela constituição de uma democracia, impedindo os ramos legislativo e executivo do governo de impor a censura.

Agora, entre os tipos de liberdade de expressão protegidos no Brasil, interessa-nos a liberdade de expressão religiosa, que também é compreendida como um direito fundamental. Vejamos o que determina o art. 5º, incisos VI, VII e VIII da CF:

> Art. 5º Todos são iguais perante a lei, sem distinção de qualquer natureza, garantindo-se aos brasileiros e aos estrangeiros residentes no País a inviolabilidade do direito à vida, à liberdade, à igualdade, à segurança e à propriedade, nos termos seguintes:
>
> [...]
>
> VI – é inviolável a liberdade de consciência e de crença, sendo assegurado o livre exercício dos cultos religiosos e garantida, na forma da lei, a proteção aos locais de culto e a suas liturgias;
>
> VII – é assegurada, nos termos da lei, a prestação de assistência religiosa nas entidades civis e militares de internação coletiva;
>
> VIII – ninguém será privado de direitos por motivo de crença religiosa ou de convicção filosófica ou política, salvo se as invocar para eximir-se de obrigação legal a todos imposta e recusar-se a cumprir prestação alternativa, fixada em lei; [...]. (Brasil, 1988)

Logo, a liberdade religiosa é um direito inerente à dignidade da pessoa humana, ou seja, a religiosidade ampara a vida, uma vez que sua existência remonta aos primórdios dos tempos, sendo, desse modo, tida como essencial ao desenvolvimento de muitos aspectos da vida individual e em sociedade (Lins et al., 2016).

Segundo Enriconi (2017), a liberdade religiosa pode ser compreendida como a liberdade de seguir qualquer religião, pondo em prática os cultos ou as tradições referentes a essas crenças, o que envolve a observância dessas manifestações na vida particular. A autora enfatiza ainda que, embora o Brasil seja um país laico, é preciso elaborar modos de proteger a liberdade religiosa, uma vez que essa liberdade possibilita que o cidadão tenha autonomia acerca da crença ou da religião adotada como sua doutrina particular, sem que essa escolha cause repúdio ou o diferencie dos demais cidadãos. Além disso, tal liberdade também desobriga qualquer indivíduo de ser adepto a alguma religião/crença. Assim, é evidente que as disposições da CF no tocante a esse assunto oferecem direitos de liberdade de escolha à população brasileira. Há, ainda, punições para aqueles que não cumprirem o que está determinado em lei, ou seja, que violarem o direito de liberdade de expressão religiosa de outrem. Além disso, é importante enfatizar que o direito de um indivíduo à liberdade religiosa não pode limitar o direito de outro cidadão a mesma liberdade, isto é, existem limites para a liberdade de expressão religiosa, já que os indivíduos não podem utilizar desse argumento para impor sua doutrina a terceiros. Conforme aponta Enriconi (2017):

> Como qualquer outra liberdade, a religiosa também não é totalmente ilimitada. Se o exercício da religião de um indivíduo implica na realização de um crime, por exemplo, o cidadão não estará livre de pena ou punição por ter agido movido por sua fé. Assim, se uma religião hipotética prega o ódio a outras pessoas, violência, realização de sacrifícios ou qualquer outro mal a terceiros, suas possíveis ações criminosas serão julgadas e punidas. Do mesmo modo, como qualquer outra pessoa seria devidamente julgada e punida pelos mesmos crimes, independentemente de suas motivações.

Até aqui estudamos as questões relativas à liberdade de expressão religiosa em caráter geral e constitucional. Apesar das diversas discussões sobre a laicidade do Brasil, a lei não permite que sejam criadas normas que evidenciem alguma preferência religiosa nem tampouco atribua preferência a uma crença em detrimento de outra, conforme regula o art. 19 da CF:

Art. 19. É vedado à União, aos Estados, ao Distrito Federal e aos Municípios:

I – estabelecer cultos religiosos ou igrejas, subvencioná-los, embaraçar-lhes o funcionamento ou manter com eles ou seus representantes relações de dependência ou aliança, ressalvada, na forma da lei, a colaboração de interesse público;

II – recusar fé aos documentos públicos;

III – criar distinções entre brasileiros ou preferências entre si. (Brasil, 1988)

Em resumo, todas as religiões devem ser respeitadas e seu exercício deve estar garantido e protegido de preconceitos e possíveis distinções.

EXERCÍCIOS RESOLVIDOS

1. A religiosidade é um aspecto inerentemente humano, podendo estar relacionada à religião, mas não necessariamente, pois também abrange crenças não religiosas. Nesse sentido, e considerando-se os diversos aspectos que englobam o estudo da religiosidade, assinale a alternativa correta sobre esse tema:
    A] A religiosidade é constituída por duas dimensões denominadas *religiosidade organizacional* e *religiosidade não organizacional*.
    B] A religiosidade é capaz de estimular a interação entre pessoas de um mesmo grupo, já que promove vínculos de amizade e, com isso, gera uma sensação de pertencimento nos indivíduos.
    C] As expressões religiosas ocorrem apenas dentro de templos religiosos e igrejas, por isso não participam da vida cotidiana nem tampouco influenciam questões histórico-culturais.

> D] A dimensão da religiosidade não organizacional é aquela que mensura a frequência com que os crentes se dedicam aos templos ou às práticas das atividades religiosas em suas instituições formais.
>
> **Gabarito:** (b). A religiosidade é composta por três dimensões: (1) organizacional, (2) não organizacional e (3) intrínseca ou subjetiva. As expressões religiosas, por sua vez, ultrapassam os limites impostos pelas instituições formais (templos e igrejas, por exemplo), pois efetivamente participam do cotidiano social, seja em manifestações conscientes de um indivíduo no tocante a sua crença, seja no que diz respeito a culturas, costumes e hábitos de um local/época, cujos aspectos não estão obrigatoriamente vinculados a uma religião em específico. Por fim, a religiosidade não organizacional é marcada por comportamentos informais ou privados fora de instituições religiosas, como em rezas individuais.

Com base nessa discussão, é possível depreender a importância da religiosidade para o ser humano, já que seus benefícios proporcionam a melhoria e a ampliação da qualidade de vida (assunto sobre o qual trataremos a seguir).

3.2 Espiritualidade e religiosidade: qualidade de vida e saúde mental

A qualidade de vida é um tópico bastante debatido, cujo interesse não se restringe ao meio acadêmico, já que é de domínio geral. A busca da qualidade de vida não corresponde a algo passageiro, como se fosse um item de moda, pois, se negligenciada, pode trazer inúmeros problemas ao indivíduo. Além disso, sua importância responde ao próprio desenvolvimento da humanidade, tanto nos aspectos relativos ao indivíduo quanto à sociedade como um todo (Nobre, 1995).

Ao longo dos anos, vários estudiosos realizaram inúmeras pesquisas a fim de ampliar a vida do ser humano na Terra, pois, durante um tempo, acreditou-se que a qualidade de vida pudesse estar relacionada com o tempo de vida. Atualmente, porém, sabe-se que esse tempo está atrelado à qualidade de vida e ao reforço de seus aspectos positivos. Nobre (1995) destaca que o prolongamento da vida, hoje em dia, só tem sido possível em razão dos avanços da ciência; contudo, se consultada, grande parte das pessoas diria que, caso tivessem de efetuar uma escolha, prefeririam viver menos tempo, mas com qualidade de vida garantida, do que o contrário.

A expressão **qualidade de vida** traz consigo um vasto conjunto de reflexões subjetivas, pois os interesses e as experiências pessoais de cada ser humano fomentam pontos de vista distintos acerca do que seja (ou represente) a qualidade de vida. Assim, é comum que, ao pensar nesse tema, surjam algumas situações e exemplos concretos, mas não um conceito abstrato que defina essa qualidade. Nesse sentido, a qualidade de vida, para muitos, pode estar associada a condições financeiras favoráveis; tempo para a prática do lazer e de atividades físicas; tempo gasto no trânsito; compartilhamento de bons momentos com a família; habitar uma cidade arborizada e com bons entretenimentos; entre tantas outras situações.

Definir formalmente *qualidade de vida* ainda é um desafio aos estudiosos da área, pois não há um consenso fechado, visto que essa concepção muda a depender do contexto social, cultural, político, econômico, religioso etc. de cada indivíduo. Todavia, todos parecem concordar que esse é um dos principais objetivos buscados atualmente. Assim, cada área do saber apresenta um entendimento, a partir do seu lugar, do significado de qualidade de vida. O entendimento geral que adotamos aqui é o de que *qualidade de vida* corresponde a um sentimento de satisfação, esteja ele associado com a ideia de saúde, felicidade, bem-estar psíquico, condições financeiras etc.

Em resumo, a complexidade de se obter qualidade de vida inicia em sua identificação e/ou definição, a fim de, posteriormente, praticá-la no cotidiano, que, diga-se, não é uma tarefa menos trabalhosa. Nesse sentido, o The Whoqol Group (1994) relaciona a qualidade de vida à percepção individual acerca do contexto cultural e do sistema de valores no qual se está inserido, assim como dos objetivos, das expectativas, dos padrões estruturalmente impostos, das preocupações particulares e das questões éticas relativas a cada uma dessas dimensões.

Day e Jankey (1996) abordam a qualidade de vida sob quatro pilares: (1) economia; (2) psicologia; (3) biomedicina; e (4) holística. Interessa-nos a perspectiva psicológica. Assim, em conformidade com as pesquisas realizadas por Day e Jankey (1996) no âmbito da psicologia, os autores demonstram que indicadores de caráter social ou objetivo limitados servem para mensurar a qualidade de vida. Sob essa perspectiva, a análise da qualidade de vida exige que sejam efetuadas comparações, e, para tanto, faz-se necessário definir certos padrões a fim de que figurem como parâmetros comparativos. Essa abordagem elabora, ainda, seis dimensões significativas de análise, conforme demonstra a figura a seguir.

FIGURA 3.2 – Dimensões de análise da psicologia

1ª dimensão	Definição de um objetivo e sua realização (o que se tem e o que se quer ter).	4ª dimensão	Relação entre as circunstâncias atuais e as experiências qualitativas do passado.
2ª dimensão	O que os indivíduos compreendem como os aspectos ideais da vida.	5ª dimensão	O que o indivíduo possui e o que o grupo de referência tem.
3ª dimensão	Relação entre as circunstâncias atuais e o que se deseja alcançar.	6ª dimensão	O quanto o indivíduo está inserido no ambiente em que vive.

Fonte: Elaborado com base em Day; Jankey, 1996.

Ainda no que se refere à qualidade de vida, Panzini et al. (2007) destacam a importância de se estabelecer uma diferenciação entre a qualidade e os aspectos vinculados ao padrão de vida. Segundo os autores:

> Ainda não há consenso definitivo na literatura sobre o conceito de qualidade de vida. Entretanto, é importante ressaltar a distinção entre os conceitos de padrão de vida e QV (Skevington, 2002). O primeiro compreende indicadores globais das características relevantes do modo de viver das sociedades e indivíduos, em termos socioeconômicos, demográficos e de cuidados básicos de saúde disponíveis. O segundo baseia-se em parâmetros que se referem à percepção subjetiva dos aspectos importantes da vida de uma pessoa, os quais podem ou não coincidir com indicadores de padrão de vida. (Panzini et al., 2007, p. 107)

A qualidade de vida pode estar relacionada a vários aspectos que compõem a existência do ser humano, inclusive no tocante à religião, à religiosidade e à espiritualidade, cujas práticas interferem, como já vimos, na vida particular e social, de modo que a espiritualidade e a qualidade de vida podem estar aliadas, podendo ser explicadas mutuamente. Diversas pesquisas e estudos comprovam o quanto as religiões, a espiritualidade e a religiosidade são capazes de proporcionar impactos positivos na vida das pessoas, possibilitando uma qualidade de vida mais satisfatória por meio de conselhos e ensinamentos de caráter religioso e espiritual. Nesse âmbito, existem tanto estudos que vinculam religiosidade e espiritualidade à melhoria da qualidade de vida quanto pesquisas que apontam fatores negativos nessa junção, visto que a religião e a religiosidade são orientadas por determinadas regras e indicam quais comportamentos devem ser seguidos e o que precisa ser visto como pecaminoso, criando, portanto, uma fonte de repúdio, indignação e falha. Dessa forma, a pressão imposta pelas normas religiosas e a exclusão como resposta à prática de certo comportamento pode provocar inibições, conflitos emocionais, ansiedades, estresses e, até mesmo, crises existenciais. Tais problemas afetam, obviamente, a saúde dos seguidores, principalmente quando estão em conflito sobre quem são e o que desejam.

Todavia, resultados positivos também são observados. À medida que, para algumas pessoas, a religiosidade pode funcionar como um gatilho para a ansiedade, por exemplo, para outras, significa o alívio de questões intimamente ambíguas, pois, em muitas crenças, a divindade é entendida como um porto seguro em sua onipotência, onisciência e onipresença, afinal, entende tudo a respeito do que se passa na vida de cada indivíduo, atribuindo-lhe um sentido.

> **Para saber mais**
>
> Recomendamos a leitura da notícia a seguir publicada no Jornal da USP:
>
> BARRIO, L. Religião e espiritualidade influenciam índices de qualidade de vida. **Jornal da USP**, 5 dez. 2017. Disponível em: <https://jornal.usp.br/ciencias/ciencias-da-saude/religiao-e-espiritualidade-influenciam-indices-de-qualidade-de-vida/>. Acesso em: 2 jun. 2021.

Em conformidade com Melo et al. (2015), um número cada vez maior de estudos comprova que a religiosidade está ligada à saúde mental. Hoje em dia, muito se fala sobre o assunto em âmbito acadêmico e na sociedade em geral. A Organização Mundial de Saúde (OMS) não apresenta uma definição específica de *saúde mental*, abrangendo sua concepção para a forma como as pessoas agem e reagem a exigências, desafios, mudanças e problemas repentinos, bem como a maneira pela qual lidam com suas emoções, boas ou ruins. É fato que o ser humano está sujeito a uma grande diversidade de situações capazes de desencadear uma série de sentimentos e emoções. A saúde mental refere-se, então, à maneira como cada ser humano age e absorve o que se sente diante dessas circunstâncias, e tais reações indicam a qualidade da saúde mental de cada indivíduo.

Durante muitos anos, apenas a saúde física era alvo de preocupação. Os sintomas, comprovados por exames clínicos, ratificavam (ou refutavam) a existência de uma doença física, que raramente era colocada em dúvida. Contudo, aspectos culturais e históricos fizeram com que a saúde mental também fosse merecedora de atenção. Inicialmente, os deficientes mentais sofreram grandes preconceitos e nem todos os sintomas e síndromes eram relacionados a questões de saúde mental – essa conquista é relativamente recente, mas há muito ainda por que se lutar.

Apesar dos avanços relativos aos direitos de pessoas com deficiências mentais, a discriminação ainda é presente. Isso faz com que muitos indivíduos deixem de procurar ajuda ou até mesmo não assumam que sua saúde mental está abalada, o que também se deve à abstração do sofrimento psíquico, que não pode ser visualizado com facilidade se comparado a uma enfermidade física e, talvez, dificilmente diagnosticado. Somam-se a essa situação frases prontas e discriminatórias que aliam os problemas psíquicos à preguiça, como "isso é frescura", "isso é besteira, logo passa".

Diante desse cenário, a quantidade de pessoas que não destina a devida atenção às questões relativas à saúde mental é ainda preocupante, pois, além do que já citamos, há uma crença geral de que a qualidade da saúde mental depende simplesmente da boa vontade do paciente. Contudo, problemas psíquicos comprometem a capacidade de escolha e solução de problemas, bem como regem as reações, os sentimentos, entre tantos outros fatores essenciais ao bem-estar mental. Nesse sentido, as doenças e as síndromes decorrentes de problemas na saúde mental precisam e devem ser tratadas com a mesma urgência que doenças físicas, por isso existem profissionais habilitados na área, bem como medicamentos e tratamentos destinados aos diversos casos que podem afetar a mente humana.

Já se sabe que a saúde mental é responsável por grande parte da manutenção da qualidade de vida, pois auxilia o indivíduo a lidar melhor consigo mesmo e com o outro perante diferentes situações, aliando esse comportamento a questões racionais e ao devido reconhecimento de seus limites e suas deficiências. Muitos problemas podem estar associados à saúde mental; a maioria deles apresenta um nível de complexidade significativo e tem sido cada vez mais frequentes, haja visto os ônus de um mundo globalizado, que preza por uma rapidez cada vez maior, causando estresse e cobranças desproporcionais, o que acarreta sentimentos de incapacidade e sérias contradições, pois a responsabilidade de se viver significa, muitas vezes, deixar de escolher como se quer viver. Ainda, a urgência pela comparação com o outro pode desencadear severos danos à saúde mental.

Logo, é fácil perceber que saúde mental se relaciona a diversas esferas da vida e do cotidiano, podendo ser reforçada positiva ou negativamente, a depender das relações interpessoais com familiares, colegas de trabalho, companheiros afetivos, amigos etc., que, aos poucos, formam a personalidade do indivíduo e seu modo de conviver e sobreviver no mundo. Nesse contexto, não surpreende que haja uma relação entre saúde mental e religião, religiosidade e espiritualidade.

Sob o ponto de vista da psicologia, a espiritualidade é compreendida como fonte inesgotável de investigação, e essa área tem sido cada vez mais procurada no meio acadêmico, cujas produções podem ser encontradas em artigos, livros, conferências etc. e comprovam a ação da espiritualidade na saúde mental dos indivíduos. Segundo Brotto (2020), as investigações no campo da psicologia ajudam a ampliar os conhecimentos e os dados relativos à promoção da saúde mental pela espiritualidade. A autora enfatiza que essa não é uma prática recente, uma vez que a espiritualidade e a religiosidade já vêm sendo utilizadas como ferramentas de auxílio ao tratamento terapêutico há algum tempo como busca por hábitos e pensamentos mais saudáveis.

A psicologia, ciência com várias especialidades, foi se aperfeiçoando ao longo do tempo de forma a lidar com novas necessidades e interesses humanos. Surgiu, assim, a área da psicologia destinada ao estudo da espiritualidade, cujo objetivo também era o de promover melhorias na saúde mental do indivíduo, logo, em sua qualidade de vida. Nesse sentido, é importante lembrar que o emprego da espiritualidade e da religiosidade como auxiliares em tratamentos psicológicos não significa que esses psicólogos possam tratar esse paciente por meio de suas próprias crenças, pois essa atitude, além de antiética, tendo em vista o *Código de Ética Profissional do Psicólogo* (CFP, 2005) (sobre o qual versamos no Capítulo 1), pode acarretar mais danos à saúde mental dos pacientes. Desse modo, a espiritualidade e a religiosidade, quando usadas, precisam seguir um método sem interferências de possíveis crenças pessoais do psicólogo, pois somente assim a espiritualidade pode ser benéfica e servir como ferramenta complementar a tratamentos destinados à saúde mental. Para Brotto (2020), essa atuação não pode ser confundida com a escolha da religião A ou B; há comprovação, segundo pesquisas e estudos científicos, de que a espiritualidade pode atuar de forma positiva na promoção da saúde mental, e são esses métodos/resultados científicos que têm de regular a ação profissional.

A *Cartilha Virtual Psicologia & Religião: histórico, subjetividade, saúde mental, manejo, ética profissional e direitos humanos* (Zangari; Machado, 2018), realizada pelo Laboratório de Psicologia Anomalística e Processos Psicossociais da Universidade de São Paulo (USP), apresenta informações relevantes sobre religiosidade e saúde mental. O texto explicita:

> A Organização Mundial de Saúde (OMS) passou a conceber a religiosidade (entendida como o modo pessoal de realização de práticas relacionadas a sistemas religiosos) e a espiritualidade (compreendida como "aquilo que dá sentido à vida") **como fatores importantes para a saúde mental** a partir da avaliação de qualidade de vida por meio de um instrumento que incluiu as dimensões da espiritualidade e da religiosidade, o WHOQOL-100 (Instrumento de Avaliação de Qualidade de Vida). (Zangari; Machado, 2018, p. 21, grifo do original)

> **O QUE É?**
> A WHOQOL 100, segundo a OMS, é um instrumento destinado à avaliação da qualidade de vida das pessoas. Vista a dificuldade de se determinar um conceito que oriente essa busca, foram criados critérios avaliativos sobre as condições de vida dos indivíduos a fim de averiguar sua qualidade.

A cartilha relaciona religiosidade, espiritualidade, saúde mental e contexto social e cultural, já que esses aspectos não podem ser vistos separadamente, pois são interdependentes, o que significa que doenças mudam à medida que o contexto se altera, isto é, a depender da sociedade/cultura em que os indivíduos estão inseridos, observa-se uma recorrência maior de certas doenças psíquicas. Em razão disso, o Código Internacional de Doenças reconhece a importância do contexto cultural, principalmente no que se refere às doenças mentais (Zangari; Machado, 2018).

Pensemos um pouco no contexto em que nossos pais e avós viveram durante sua juventude e o contexto no qual as gerações atuais estão inseridas. Os avanços tecnológicos, além de, por exemplo, alterar a forma de se comunicar, também afetaram o comportamento e o tipo e a recorrência de certas doenças mentais, cujos vetores, após terem sido modificados, geram danos maiores para a humanidade. Por exemplo, o uso de celulares facilita a comunicação diária, mas também promove desordens de sono, aumento do estresse e da ansiedade, além da internet, pela qual é possível acessar uma infinidade informações e estar ativo nas redes sociais, mas que, quando utilizada de forma indevida e desregrada, pode alterar profundamente a forma de pensar.

Assim, da mesma maneira que a religiosidade e a espiritualidade podem afetar a qualidade de vida de forma positiva ou negativa, o mesmo também pode acontecer no âmbito da saúde mental. Por isso, é necessário que os indivíduos sejam acompanhados por profissionais habilitados, para que as intervenções negativas promovidas pela espiritualidade e pela religiosidade sejam evitadas, dirimidas e contornadas. Nesse sentido, a cartilha destaca, ainda, que há uma dificuldade quanto à definição de como as experiências religiosas podem afetar negativamente a saúde mental, já que não é simples distinguir as experiências religiosas das experiências em geral. Logo, é grande a subjetividade em torno desse assunto, uma vez que aquilo que pode ser interpretado como benéfico ou proveitoso sob o ponto de vista de uma pessoa, a partir de percepções muito particulares, pode ser visto de forma oposta por outra; afinal, trata-se de seres distintos, com personalidades diferentes, inseridos em contextos plurais e que, por isso, podem interpretar e sentir as experiências de maneiras dessemelhantes, sendo esse um aspecto intrínseco à própria natureza humana.

Brotto (2020) também traz algumas contribuições importantes para o âmbito da espiritualidade. Conforme defende a autora, em primeiro lugar, a relação entre religiosidade e saúde mental aponta para o enfrentamento de problemas pelo viés técnico e espiritual, o que pode facilitar a transformação de comportamentos negativos em hábitos positivos; em segundo lugar, a espiritualidade também pode fazer com que os pacientes enxerguem os momentos difíceis e as crises de identidade como passageiros e capazes de ensinar algo. Dessa forma, tanto a espiritualidade quanto a religiosidade auxiliam na promoção da saúde mental, já que interferem na maneira como os indivíduos sentem e pensam, oferecendo-lhes um outro olhar para as barreiras a serem vencidas.

Exercícios resolvidos

2. No Brasil e no mundo, o número de pessoas com enfermidades relacionadas à saúde mental é alarmante. Segundo a OMS, em 2019, havia, aproximadamente, 322 milhões de pessoas com depressão; no Brasil, eram cerca de 11,5 milhões de pessoas

sofrendo com essa doença (Lima, 2019). Embora os transtornos mentais estejam cada vez mais recorrentes, ainda existem grandes preconceitos destinados às pessoas com esse diagnóstico, bem como aos tratamentos necessários, psiquiátricos e/ou psicológicos. Diversas são as ferramentas, as técnicas e as estratégias utilizadas para tratar doenças mentais, e a religiosidade e a espiritualidade surgem como alternativa. Tendo isso em vista, assinale a alternativa correta acerca da relação entre religiosidade/espiritualidade, saúde mental e qualidade de vida:

A] A presença da religiosidade e da espiritualidade nos tratamentos destinados à saúde mental proporciona somente resultados positivos.

B] A religiosidade e a espiritualidade podem gerar benefícios para a saúde mental e a qualidade de vida dos indivíduos e da sociedade como um todo. Contudo, esse tratamento precisa ser feito por profissional habilitado e que siga métodos comprovadamente científicos.

C] A presença da religiosidade e da espiritualidade nos tratamentos psicológicos outorga aos psicólogos certa parcialidade, pois, com base nisso, eles podem indicar quais crenças são as mais corretas de acordo com a realidade e a situação vividas pelo paciente.

D] Tanto *saúde mental* quanto *qualidade de vida* são termos com definições precisas, não havendo, portanto, dificuldades em se avaliar a qualidade de vida de um indivíduo.

Gabarito: (b). Embora a religiosidade e a espiritualidade funcionem como ferramentas úteis na promoção de tratamentos psíquicos, não se pode afirmar que delas resultem somente impactos positivos, pois, a depender do indivíduo, podem suscitar outros tipos de problemas e transtornos, sendo, em alguns casos, prejudiciais à saúde mental. Ainda, sob nenhuma

> circunstância o psicólogo deve indicar uma religião ou crença a ser seguida; é preciso que sua prática esteja pautada no código de ética profissional, que prevê, sobretudo, a imparcialidade. Por fim, sabe-se da dificuldade em se definir precisamente termos como *saúde mental* e *qualidade de vida*, visto que ambos são voláteis, a depender do indivíduo e do contexto no qual está inserido.

Por fim, aqui tratamos sobre alguns benefícios de uma possível aliança entre a espiritualidade e a psicologia na promoção da saúde mental.

3.2.1 Moral, psicologia e religião

As discussões acerca da moral surgem nas mais variadas áreas do saber, por isso é importante perscrutar a definição do termo. A moral corresponde a um conjunto de regras aplicadas em nosso cotidiano, as quais, contudo, não precisam estar escritas nem contidas em alguma legislação, já que a moral é intrínseca aos costumes, a aspectos subjetivos que envolvem a consciência coletiva dos indivíduos. Dessa forma, a moral também engloba o conjunto de comportamentos que são entendidos como corretos, esperados, incentivados e aceitos por determinada sociedade. É a partir da moral que se estabelece o certo e o errado, assim como o bem e o mal.

A moral não pode ser confundida com a ética, ainda que ambas estejam ligadas, pois apresentam significados distintos. Como se sabe, a moral refere-se ao conjunto de comportamentos presentes no cotidiano (costumes); já a ética consiste no estudo da moral, em refletir sobre os costumes solidificados, o que pode ser feito sob o ponto de vista do direito, da psicologia, da medicina etc.

Sob a ótica da psicologia, há um ramo cujo objetivo principal é compreender as possibilidades do comportamento humano. Todavia, como já discutimos, a psicologia não é formada por uma única vertente teórica, mas composta de diversas especialidades, que, muitas vezes, assumem posicionamentos contrários, o que não torna uma mais correta que a outra, uma vez que pontos de vista distintos sobre um mesmo assunto encontram seus maiores defensores e críticos. Entretanto, se há, por um lado, dissonâncias, por outro, existem semelhanças, sendo que, geralmente, estas surgem de debates sobre a moral e a ética, que, seja qual for a especialidade, servem de referência para repudiar comportamentos cruéis, abusivos, agressões fortuitas. Nesse sentido, as teorias se unem na busca pela prevenção e pelo combate a comportamentos que firam princípios humanos. Conquanto, não são apenas as ciências, a exemplo da psicologia, que guardam relação com a moral. Outras áreas não científicas também apresentam princípios morais, como a religião, que, como já vimos, está associada a questões históricas, culturais e de costumes.

A ética do dever de Kant mostra que a moral e a religião estão interligadas, contudo, as distinções são evidentes: os deveres éticos, baseados na racionalidade, pertencem a um sistema universal; a religião, que também tem deveres a cumprir, não tem por base aspectos racionais, mas sim os mandamentos e dogmas divinos.

3.3 Psicologia da religião: definição e características

A psicologia é uma ciência baseada em preceitos racionais; a religião, por sua vez, responde a questões divinas, que, muitas vezes, ultrapassam e contrariam a racionalidade. Assim, a psicologia e a religião não se confundem, não se misturam, isto é, ambas são dotadas de autonomia, o que não significa que não possam trabalhar conjuntamente.

A religiosidade, como já vimos, é fundamental para a constituição da subjetividade das pessoas e se manifesta de diversas formas, a depender da comunidade na qual estejam inseridas. A psicologia, vale lembrar, é a ciência que investiga a subjetividade e o comportamento humano em todos os seus aspectos, bem como as diversas expressões que deles derivam. Não é porque a religião, assim como a psicologia, é dotada de subjetividade que, por isso, pode ser tida como racional; tampouco cabe atribuir à psicologia crenças vinculadas ao sobrenatural. Logo, essa aproximação pela subjetividade apenas indica que a psicologia, tão importante atualmente, entende a religiosidade como um componente fundamental da vida humana, cujos impactos e reflexos são expressos em comportamentos, atingindo até mesmo questões sexuais e sociais.

Nesse contexto, existe uma área dentro da psicologia, denominada *psicologia da religião*, cuja atividade é estudar o comportamento religioso em suas mais diversas expressões, crenças e símbolos religiosos, bem como os processos relacionados à conversão e à "desconversão" de uma religião para outra (assunto que será aprofundado no próximo capítulo), ao ateísmo, às experiências religiosas e a uma série de processos sociais e psicológicos que envolvem a religiosidade, a espiritualidade e a religião. Paiva (2018, p. 10) posiciona-se da seguinte maneira:

> Penso ser essencial, em primeiro lugar, afirmar que a PR [psicologia da religião] é o estudo científico do que há de psíquico no comportamento religioso. Com isso, excluo a concepção de que a PR se ocupe com o que há de religioso no psíquico. Essa concepção, aqui excluída, implica, entre outras coisas, a busca da origem da religião na psique ou, mais radicalmente, na biologia do ser humano. Embora tudo no homem seja psíquico e biológico,

o biológico e o psíquico não são tudo. Não está excluída, com isso, todavia, a busca por condições ou correlatos do comportamento religioso no psiquismo e na biologia.

Ancona-Lopez (2002, p. 79), por sua vez, defende que "a Psicologia da Religião estuda os fenômenos religiosos como fenômenos da cultura, constituintes do ser humano. Nesse sentido examina, entre outros temas, as práticas, crenças e experiências religiosas". Ainda que a *psicologia da religião* possa parecer nova, essa área já existe desde muito antes de ser assim denominada.

EXERCÍCIOS RESOLVIDOS

3. Psicologia e religião são duas áreas que suscitam muitas polêmicas, mas de grande importância para a vida humana, tanto do ponto de vista individual quanto coletivo. A respeito das relações que podem ser firmadas entre psicologia e religião, bem como as principais definições e características gerais da psicologia da religião, assinale a alternativa correta sobre esse tema:

   A] A psicologia da religião é responsável por estudar como os comportamentos, as crenças e as experiências religiosos, bem como a religiosidade, a religião e a espiritualidade, podem afetar os processos psicológicos e sociais da vida humana.

   B] A psicologia da religião resulta da mistura e da confusão dos termos *psicologia* e *religião*, cuja junção sucede em perda de autonomia de ambas as áreas.

   C] A psicologia da religião é uma área relativamente recente, pois somente nos últimos anos a psicologia passou a destinar atenção e interesse aos efeitos da religiosidade nas emoções e nos comportamentos humanos.

D] A psicologia da religião consiste na teorização sobre o objeto religioso e seus constituintes, como deuses, demônios, espíritos, anjos etc.

Gabarito: (a). A psicologia e a religião não podem ser confundidas, pois cada qual guarda sua autonomia, o que não significa que não possam atuar conjuntamente, como é o caso da psicologia da religião, área que estuda os efeitos da religião, da espiritualidade e da religiosidade sobre a mente humana. Como se sabe, ainda que a denominação *psicologia da religião* seja recente, os estudos efetuados por esse campo iniciaram muito antes, visto que a psicologia, desde o momento em que sua cientificidade foi reconhecida, busca entender quais são os impactos religiosos na saúde mental e nos comportamentos humanos. Vale lembrar, ainda, que a psicologia da religião se concentra no estudo do comportamento, ou seja, seu objeto é o ser humano, e não a religião em si.

Embora atualmente a grande maioria dos psicólogos reconheça a importância da análise dos comportamentos religiosos no âmbito dos estudos psicológicos, nem sempre foi assim, tendo sido necessário um sério amadurecimento até que a psicologia da religião fosse vista com bons olhos. Nesse sentido, as teorias da psicologia modificaram-se também em função dos movimentos históricos, que alteraram a maneira de as pessoas enxergarem a religiosidade. Muitos pesquisadores, contudo, não partilham da ideia de aproximar essas duas áreas, por isso, até os dias atuais, cada qual tem sua autonomia, ainda que possam, a depender do objeto e do método de estudo, estar aliadas.

> No início das pesquisas, havia uma tendência por parte de alguns pensadores em colocar a Psicologia a serviço da religião (ou de algumas religiões em particular), confundindo as fronteiras entre

essas formas de conhecimento. Nesse contexto, o conhecimento psicológico era aplicado para tornar as pessoas mais religiosas, para fortalecer sua fé ou para ajudar a religião em sua tarefa de educação religiosa (o que fica claro em algumas das ideias e trabalhos de Stanley Hall, por exemplo). Por outro lado, havia também uma tendência de relacionar a religiosidade à doença mental e ao desequilíbrio emocional. (Zangari; Machado, 2018, p. 10)

No cenário atual, pesquisadores, psicólogos e psiquiatras já não entendem a religião e a religiosidade como causadoras de doenças mentais, pelo contrário, são consideradas promotoras em potencial da saúde e do bem-estar das pessoas.

Entende-se agora que a **religiosidade constitui uma expressão humana complexa** que envolve diferentes dimensões e possibilidades de compreensão. Com as mudanças na sociedade contemporânea, têm surgido novas formas de religiosidade e de relação com o que quer que se defina como sagrado ou transcendente. Isto inclui pessoas sem uma religião definida, mas que se consideram, no entanto, como "espirituais", ou seja, pessoas que assumem que há algo transcendente, algo sobrenatural, algo sagrado, mas que não encontram essa sacralidade em nenhuma religião. Viu-se, assim, que não era mais possível estudar o tema da religiosidade sem relacioná-lo também ao da espiritualidade, compreendida como a dimensão do que dá sentido à vida e que não necessariamente é religioso nem de ordem sobrenatural. Psicólogas(os) e psiquiatras estão mais interessadas(os) agora em entender os mecanismos específicos envolvidos na religiosidade e na espiritualidade, quer para a doença, quer para a saúde. (Zangari; Machado, 2018, p. 11, grifo do original)

É importante ainda ressaltar que a psicologia da religião é uma área concreta e devidamente organizada, o que comprova a seriedade das atuações profissionais nesse campo. Existem associações, publicações especializadas e congressos destinados a essa área, o que comprova que seu interesse tem crescido no meio científico e acadêmico. Cientistas e organizações do mundo todo se dedicam à psicologia da religião. Entre as associações mais importantes mundialmente, podemos mencionar a Associação Internacional de Psicologia da Religião (IAPR, do inglês, *Internacional Association for the Psychology of Religion*); em solo brasileiro, o Grupo de Trabalho "Psicologia & Religião", vinculado à Associação Nacional de Pesquisa e Pós-Graduação em Psicologia (ANPEPP), que conta com a atuação e a parceria de diversas instituições universitárias.

Síntese

Neste capítulo, concluímos:
- *Religiosidade* e *religião*, por mais que sejam palavras parecidas, não podem ser confundidas.
- A religião corresponde a uma instituição que deve seguir determinados dogmas e regras; enquanto a religiosidade está atrelada a conceitos decorrentes da espiritualidade.
- A religiosidade é relativa a comportamentos, emoções e pensamentos advindos de crenças no sagrado, principalmente aqueles que estão associados a determinadas tradições ou denominações religiosas.
- A religiosidade é constituída por três dimensões: (1) organizacional, (2) não organizacional e (3) intrínseca ou subjetiva.
- A espiritualidade e a religiosidade podem proporcionar impactos positivos e auxiliar na obtenção da qualidade de vida e da saúde mental.
- Psicologia e religião são áreas autônomas.
- A psicologia da religião é a responsável por estudar a influência da religião, da espiritualidade e da religiosidade no comportamento humano.

QUESTÕES DE PSICOLOGIA E RELIGIÃO

Conteúdos do capítulo:
- Fenômenos psíquicos, psicológicos e religiosos.
- Sentimentos despertados pela religião.
- Problema do estado de fé e a comunicação extrarracional com Deus;
- Método fenomenológico existencial.
- Motivação religiosa.
- Experiência religiosa.

Após o estudo deste capítulo, você será capaz de:
1. diferenciar os fenômenos psíquicos, psicológicos e religiosos;
2. elencar os sentimentos despertados pela religião e os problemas atinentes ao estado de fé;
3. elaborar e aplicar questionários com base no método fenomenológico existencial;
4. identificar os conceitos e as características relativos à motivação religiosa;
5. averiguar as implicações das experiências religiosas.

A psicologia é um campo científico responsável por estudar os fenômenos relacionados à mente e aos comportamentos humanos. A religião, por sua vez, mesmo vinculada à racionalidade, influencia e impacta a vida humana de diversas formas. Além disso, não se pode esquecer que a religiosidade e a espiritualidade nem sempre estão ligadas a uma religião específica, figurando, portanto, como elementos intrínsecos à vida humana.

Nesse sentido, a psicologia da religião busca entender os impactos da religiosidade, da espiritualidade e da religião nas ações humanas, bem como as maneiras pelas quais os indivíduos lidam e absorvem os diversos sentimentos e emoções presentes em sua vivência cotidiana.

4.1 Fenômenos psicológicos, psíquicos e religiosos

A psicologia é um campo voltado para o estudo dos fenômenos relacionados à psique humana, e, sob essa perspectiva, a espiritualidade, a religiosidade e a religião podem promover melhorias na saúde mental, logo, na qualidade de vida. Além disso, o fenômeno psicológico tem uma ligação estreita com o comportamento social, a cognição, o desenvolvimento psicológico, as emoções, as memórias etc. Os impactos promovidos pelo psicológico trazem, por vezes, consequências fisiológicas, a depender do nível de gravidade e dos tipos de síndromes e transtornos mentais, por isso a psique também é objeto de estudo das áreas de psicologia fisiológica, neurológica e neuropsicológica.

Como já vimos, a autonomia da área de psicologia não impossibilita que sejam feitas aproximações com outras áreas, científicas ou não científicas, tendo em vista seu caráter interdisciplinar e multidisciplinar. Para Chaves (2000), a compreensão dos fenômenos psicológicos necessita de conhecimentos múltiplos a fim de que sejam estudados de forma ampla, com base em pesquisas feitas nas áreas das ciências humanas no geral, já que estas auxiliam o entendimento e promovem manifestações individuais e sociais em contextos concretos.

Sobre essa questão, Bock (1997, p. 38, grifo do original) destaca:

> O **fenômeno psicológico** tem sido visto de forma abstrata. Ora como manifestação de processos internos, ora como produto de vivências externas, ora como conteúdo do mundo interno, ora como processo, mas sempre visto de forma abstrata e naturalizante. O fenômeno é visto como algo da espécie humana, característica universal da espécie e aparece definido por um número enorme de palavras e expressões, como por exemplo: manifestações do aparelho psíquico, individualidade, subjetividade, mundo interno, manifestações do homem, pensar e sentir o mundo, consciência, inconsciente, vivências, engrenagens de emoções, motivações, comportamentos, habilidades e potencialidades, experiências emocionais, conflitos pulsionais, psique, pensamento, sensações, entendimento de si e do mundo, manifestações da vida mental, tudo que é percebido pelos sentidos.

As discussões sobre os fenômenos psicológicos como um todo ainda geram polêmicas significativas entre os psicólogos, não havendo, portanto, um consenso bem definido acerca deles, porém alguns termos e algumas concepções aparecem com maior frequência. Os fenômenos psicológicos envolvem as emoções e os sentimentos, abrangendo ainda os impactos e as maneiras pelas quais o ser humano é afetado pelo meio social. Segundo Bock (1997), a interação que o homem firma com o meio é capaz de proporcionar seu desenvolvimento, pois, por meio desse contato, verifica-se a presença de aspectos biológicos e sociais, assim como de fenômenos que envolvem tanto o consciente quanto o inconsciente humano.

> A Psicologia trabalhou sob a orientação liberal e positivista, produzindo uma naturalização do homem, isto é, o concebeu a partir da noção de natureza humana; um homem apriorístico, que tem seu desenvolvimento previsto pela sua própria condição de homem. Este desenvolvimento pode ser facilitado ou dificultado pelo meio externo, social e cultural. Um homem livre, dotado de potencialidades, responsável pelo seu processo pessoal. O homem foi afastado da realidade social e o fenômeno psicológico tornou-se uma entidade abstrata. O fenômeno psicológico é algo que o homem já possui aprioristicamente, pois pertence à natureza humana. É algo privado e íntimo. É a essência do homem. E no decorrer do tempo histórico foi se desenvolvendo o sentimento de identidade individual e conhecer-se a si mesmo tornou-se uma finalidade. A psique passou a ser tratada como se tivesse uma vida interior própria, devendo ser cuidada e conhecida. A Psicologia teve, então, um grande desenvolvimento e importância na sociedade moderna. (Bock, 1997, p. 40)

Os fenômenos psicológicos ligam-se a aspectos sociais, culturais e temporais, por isso se diz que o contexto influencia a psique, pois cada país, estado ou cidade tem suas características e riquezas culturais, assim como costumes e moralidades que podem fomentar fenômenos psicológicos distintos. Bock (1997) enfatiza que as mudanças enfrentadas pela sociedade brasileira nas décadas de 1970 e 1980 impactaram as abordagens psicológicas a tal ponto que novas teorias surgiram, modificando a atuação dos psicólogos brasileiros.

Resumidamente, os fenômenos psicológicos correspondem a processos cognitivos capazes de promover influências no comportamento, como em situações que acarretam reações emocionais exageradas de raiva, tristeza, medo, ansiedade, alegria excessiva, insegurança etc. e/ou sintomas fisiológicos, como taquicardia, insônia, tremores, boca seca etc. Verifica-se, assim, a complexidade dos fenômenos psicológicos e o motivo pelo qual seu estudo é de suma relevância, visto que o entendimento errôneo ou distorcido da realidade destes pode promover o comportamento desadaptativo da pessoa, gerando problemas como alcoolismo, agressividade, impulsividade, compulsão alimentar, entre outros capazes de comprometer a qualidade de vida. Além disso, os comprometimentos que afetam os fenômenos psicológicos também podem gerar transtornos como a depressão, o pânico e vários outros tipos de fobia.

Nesse contexto, normalmente os fenômenos psicológicos são associados aos fenômenos psiquiátricos, em razão da observância de insuficiências neuroquímicas no cérebro. Assim, tanto no que concernem aos fenômenos psicológicos quanto no que se refere aos fenômenos psiquiátricos, faz-se necessária a intervenção da psicologia para que se possa reequilibrar as funções cerebrais, sendo, por vezes, preciso entrar com medicação.

Além de se compreender os fenômenos psicológicos, é importante atentar para os demais fenômenos com capacidade de afetar a mente e o corpo, como é o caso dos fenômenos psíquicos. Os **fenômenos psíquicos**, assim como os psicológicos, apresentam uma abordagem interdisciplinar, isto é, sua incidência depende do contexto histórico no qual o indivíduo está submetido. Tais fenômenos têm relação direta com o mesmerismo e o espiritualismo, fecundos na Era Moderna, sobretudo no Ocidente. Existem relatos que comprovam que os estudos acerca dos fenômenos psíquicos começaram na Antiguidade, mas seu desenvolvimento deu-se a partir do século XIX.

Desde seu surgimento, a pauta dos fenômenos psíquicos levanta controvérsias, e hoje não é diferente. Como explica Alvarado (2013, p. 158):

> Enquanto alguns indivíduos acreditavam na existência dos fenômenos psíquicos e usavam tais manifestações para promover a crença em uma natureza espiritual da humanidade, tais interpretações não eram compartilhadas por muitos, e certamente não pela maioria da comunidade científica. Os leitores desse artigo deveriam estar cientes de que esse tópico era tão controverso no passado quanto é no presente. Muitos dos autores do século XIX explicavam os relatos desses fenômenos usando explicações tão convencionais como fraude, coincidências, alucinações, ilusões, sugestão e uma variedade de processos psicofisiológicos relacionados à histeria e à hipnose. Havia muitas tentativas de reduzir o fenômeno em termos de patologia, um tópico explorado por alguns em relação à mediunidade.

O **mesmerismo**, também conhecido como *magnetismo animal*, correspondia a uma força natural invisível que, acreditava-se, pertencia a todos os seres vivos, por meio da qual uma série de efeitos físicos poderiam ocorrer, entre eles a cura. Ele surgiu em 1766, criado por Franz Anton Mesmer (1734-1815), e foi considerado o primeiro movimento a despertar as discussões em torno dos fenômenos psíquicos. Em conformidade com Alvarado (2013), Mesmer acreditava que a força natural invisível estava conectada ao corpo humano e manifestava-se por meio de ações como o sonambulismo, mas também em processos de cura. Muitos estudiosos concentraram-se em entender essa força e sua forma de desenvolvimento, resultando na criação de um vasto conjunto de teorias sobre o tema, mas, no geral, a maioria dos pesquisadores relacionava essa força universal ao sistema nervoso.

Enquanto o magnetismo animal era visto por muitos como um princípio físico, havia representantes do mesmerismo que defendiam a existência de aspectos não físicos dos seres humanos. Eles sustentavam suas crenças por meio do relato de fenômenos exibidos por sujeitos mesmerizados, os quais incluíam situações como clarividência, conhecimento do pensamento de outros, diagnósticos médicos, entre outras manifestações. (Alvarado, 2013, p. 158)

Desta feita, o mesmerismo não era totalmente associado a aspectos científicos, racionais, pois apresentava uma outra vertente, vinculada à força universal e à capacidade extrarracional da mente humana e do sistema nervoso. Claro que essa abordagem incomodava aos mais céticos, já que explicações que fugiam à ciência eram dadas pela espiritualidade, cujo objeto de estudo era justamente esse "algo" que escapava às escolhas conscientes, por isso o sonambulismo. Grande parte dos casos que envolvem o sonambulismo é de curiosidade ímpar, já que a pessoa sonâmbula, a depender do nível, pode falar, andar e se mexer enquanto dorme, mas, após despertar desse transe, não se lembra do que ocorreu. Assim, o sonambulismo, sob a ótica do mesmerismo, corresponde à crença da natureza espiritual da condição.

Lemle (2016), ao entrevistar Klaus Chaves Alberto, Alexander Moreira-Almeida e Marcelo Gulão Pimentel, obtém a seguinte resposta dos pesquisadores:

> No início do século XIX, o sonambulismo magnético e espiritualismo moderno foram dois movimentos ligados aos fenômenos psíquicos/espirituais que despertaram o interesse da comunidade científica nascente através de alguns dos principais investigadores do período, como Michael Faraday, físico e químico considerado um dos cientistas mais influentes da história; o médico e naturalista William Carpenter, um dos primeiros estudiosos a explorar a

existência de mecanismos inconscientes na mente humana; o físico e primeiro-ministro francês François Arago; e o médico cirurgião James Braid, iniciador da hipnose científica. Além desses nomes consagrados, havia ainda diversos intelectuais que se debruçaram sobre o tema, como Hippolyte León Denizard Rivail, mais conhecido como Allan Kardec, que criou uma teoria abrangente a partir da observação desses fenômenos, chamada de espiritismo (que é um dos ramos do espiritualismo moderno). Um dos principais objetivos desses pesquisadores era entender as causas desses fenômenos e suas implicações para a compreensão da mente, de seus transtornos e da própria natureza humana.

Além da abordagem baseada no sonambulismo magnético, há também aquela que relaciona os fenômenos psíquicos à atuação inconsciente do cérebro e/ou da mente, bem como das capacidades mentais quanto à percepção do corpo físico e dos cinco sentidos humanos, o que pode envolver o uso da telepatia e, até mesmo, a manutenção e a permanência da mente após a morte do corpo físico. Alvarado (2013) afirma que as ideias e teorias concernentes ao mesmerismo não tinham base científica; pautavam-se na pura observação dos fenômenos e na tentativa de explicá-los a partir do conhecimento vigente, ainda que marcado pela ausência de cientificidade.

Ao longo do tempo, os fenômenos psíquicos estiveram (e estão) presentes nas mais variadas culturas. O estudo desses fenômenos entende que a mente humana se relaciona com o espírito e a alma, ultrapassando, portanto, o corpo físico, afetando, assim, a própria comunicação da mente, que pode acessar recursos como telepatia, clarividência e precognição, bem como promover a cura do corpo e da mente e estabelecer uma comunicação com os mortos. Há vertentes do estudo dos fenômenos psíquicos que se concentram na vida pós-morte e nas experiências de quase morte.

Dessa maneira, não apenas fenômenos científicos podem figurar como objetos de averiguação; fenômenos psíquicos, baseados no espiritualismo e no mesmerismo, também ganham destaque e proporcionam descobertas interessantes. A religião, como componente fundamental para a vida humana em vários de seus aspectos, e a religiosidade, intrínseca à natureza humana, são fenômenos também pertencentes a esse âmbito e, por isso, merecem atenção. Os fenômenos religiosos estão presentes em todas as épocas e lugares, tendo em vista a necessidade humana de contato com um ser superior que consola e apoia nos momentos mais complexos, além de oferecer um sentido à vida, o que nem a racionalidade consegue traduzir. Logo, a fé, a crença e a esperança funcionam como uma força para se acreditar em um futuro melhor.

Ainda que a religião não seja uma ciência nem esteja a ela associada, é fato que a religião, a religiosidade e a espiritualidade podem se aliar à ciência e à racionalidade, nem que seja com a intenção de complementar os fatos científicos. Assim, em conformidade com Milchevski (2021), os fenômenos religiosos podem servir à investigação objetiva do conhecimento, considerando-se as definições de religião e suas experiências concretas.

Segundo Gomes de Deus (2008, p. 19):

> Os fenômenos sagrados são constituídos por um conjunto de crenças e de ritos que mantêm relações de subordinação e de coordenação, de modo a formarem um sistema com uma unidade. Este conjunto de fenômenos, coisas, crenças e ritos que não se encaixam em nenhum outro sistema ou compreensão similar constitui uma religião. A religião, portanto, contém a noção do sagrado, e posteriormente a organização deste sagrado em crenças e, por consequência, o surgimento dos ritos e práticas relativas às crenças.

Além de uma abordagem científica, os fenômenos religiosos garantem ainda um estudo geral acerca do desenvolvimento do homem e do impacto de suas escolhas. Importante salientar que tais fenômenos estão diretamente relacionados ao contexto, tendo em vista que, à medida que o homem passa por adaptações e se adequa a novas tradições, suas crenças também são reestruturadas, já que evoluem em parceria com os pensamentos da época, à luz de sua cultura, seus costumes e a moral em vigor (Milchevski, 2021).

Quando falamos em adaptações e modificações de crenças, não significa que estas atendam de forma exclusiva aos interesses da população, mas que, com certeza, as motivações sociais solicitam das crenças algum posicionamento, o que nem sempre implica flexibilidade. Todavia, se a religião permanecer estática no tempo, ela será deixada de lado e outras mais modernas, que mostrem certa adequação às necessidades atuais, a substituirão.

Exercícios resolvidos

1. O mundo é marcado por divisões e acontecimentos que o caracterizam. Assim, os fenômenos psicológicos, psíquicos e religiosos ganharam destaque a partir dos estudos no campo da religião e da psicologia. Considerando a importância de tais fenômenos, assinale a alternativa correta:
   a] O fenômeno psíquico corresponde ao comportamento social, à cognição, ao desenvolvimento psicológico, às emoções e memórias, bem como às demais funções e manifestações que abarquem uma preocupação puramente científica.
   b] O fenômeno religioso é caracterizado pela espiritualidade e pelo mesmerismo.
   c] Questões como sonambulismo, estado de transe, hipnose, experiências de quase morte e permanência da mente após a morte são assuntos abordados pelos fenômenos psíquicos,

> que nem sempre fazem uso de argumentos científicos para defender seus posicionamentos e suas descobertas.
> D] Os fenômenos religiosos respondem à racionalidade e surgiram com o advento da cientificidade.
>
> **Gabarito**: (c). Os fenômenos psíquicos não se relacionam de forma direta a aspectos puramente científicos, já que levam em consideração questões espirituais e o mesmerismo. Os fenômenos religiosos estão presentes em todas as épocas e lugares, tendo em vista a necessidade humana de um contato com um ser superior que consola e apoia nos momentos mais complexos, bem como oferece um sentido à vida.

Por fim, Nunes (2008) destaca a presença dos fenômenos religiosos da Antiguidade a Idade Contemporânea, a fim de mostrar que o crescimento dos movimentos religiosos remonta a muito antes e é considerado um dos aspectos mais surpreendentes nesse campo, já que continua crescendo, apesar dos avanços científicos e tecnológicos, o que demonstra a importância da religião, da religiosidade e da espiritualidade para o ser humano, não podendo estas ser facilmente trocadas ou substituídas, pois não correspondem a um objeto puramente material ou racional, mas sua abrangência é emocional e sentimentalmente humana, uma vez que fala sobre a condição e a natureza dessa existência.

4.2 Sentimentos religiosos e intolerância religiosa

O sentimento religioso acompanha o ser humano desde o início das civilizações, tanto em seu âmbito positivo quanto negativo, estando relacionado a meios públicos ou privados. Assim, no plano existencial, a religião cria vínculos com os sentimentos humanos, relacionamento que suscita medo e esperança, valores morais e espirituais, solidariedade e compaixão. Nesse sentido, a religiosidade, associada à ideia do sobrenatural e aos aspectos transcendentes, também engloba a percepção de que a vida tem uma dimensão material, física.

Rudolf Otto (2005, p. 145), ao dispor sobre a evolução do sentimento religioso, afirma:

> O que o sentimento religioso primitivo captava sob a forma de "terror demoníaco" e que mais tarde se desenvolve, cresce e se enobrece, não é a origem ou é ainda algo racional ou de moral, mas algo específico e precisamente irracional. [...] O próprio terror demoníaco que tem múltiplos graus eleva-se ao nível do temor dos deuses e do temor de Deus. O *daimonion* torna-se *theion*.

Assim, a religião, para ser capaz de gerar manifestação religiosa e sentimento religioso, precisa, inicialmente, conceber uma ideia de Universo, ou seja, uma cosmogonia.

Ainda que a Constituição Federal (CF) de 1988 (Brasil, 1988) estabeleça uma série de normas que protege o direito de crença e a diversidade religiosa, um número considerável de crimes contra as religiões e os sentimentos religiosos são praticados no Brasil. Tais crimes não devem ser confundidos com mera crítica destinada aos dogmas ou às religiões, pois, se assim fosse, a liberdade de expressão estaria comprometida. Trata-se, contudo, de ações que configuram crime, ou seja, atitudes agressivas, ofensivas e discriminatórias contra alguém em razão de sua crença.

Os crimes contra o sentimento religioso não podem passar impunes nem ser ignorados. Diante disso, o Código Penal brasileiro – Lei n. 2.848, de 7 de dezembro de 1940 –, em seu art. 208 determina:

> Art. 208 – Escarnecer de alguém publicamente, por motivo de crença ou função religiosa; impedir ou perturbar cerimônia ou prática de culto religioso; vilipendiar publicamente ato ou objeto de culto religioso:

Pena – detenção, de um mês a um ano, ou multa.

Parágrafo único – Se há emprego de violência, a pena é aumentada de um terço, sem prejuízo da correspondente à violência. (Brasil, 1940)

Em breve análise desse artigo, verifica-se que existem três condutas ilícitas diferentes, mas destinadas a garantir e assegurar o disposto no art. 5º, inciso VI, da CF de 1988 (já citado no Capítulo 3, mas parcialmente recuperada aqui para fins de registro): "VI – é inviolável a liberdade de consciência e de crença, sendo assegurado o livre exercício dos cultos religiosos e garantida, na forma da lei, a proteção aos locais de culto e a suas liturgias" (Brasil, 1988).

A primeira conduta direciona-se a "escarnecer de alguém publicamente, por motivo de crença ou função religiosa" (Brasil, 1940). Esse crime destina-se ao agente que zomba, ridiculariza e ofende uma pessoa em razão da fé que ela professa ou da função religiosa que exerce. A vítima poderá ser um padre, rabino, pastor, ou mesmo participantes, no geral, da comunidade religiosa. O artigo deixa clara a necessidade de o escárnio ocorrer publicamente; no entanto, ainda que a pessoa não esteja presente, mas o escárnio for testemunhado, está caracterizado o crime de injúria.

A segunda conduta consiste em "impedir ou perturbar cerimônia ou prática de culto religioso" (Brasil, 1940). Por *impedir* entende-se a impossibilidade do andamento da prática de culto religioso, do início ao fim; *perturbar*, por sua vez, é tumultuar, atrapalhar e/ou obstaculizar o andamento das atividades religiosas. Ressalta-se, ainda, que as cerimônias correspondem a celebrações solenes, em maiores proporções, enquanto os cultos normalmente são caraterizados por terem proporções menores, como as novenas e as orações em capelas.

A terceira conduta é "vilipendiar publicamente ato ou objeto de culto religioso" (Brasil, 1940). *Vilipendiar* é sinônimo de *desrespeitar*, *menosprezar*, cuja conduta pode ser tipificada por meio de manifestações escritas, orais e gestuais, sendo igualmente necessária sua ocorrência em público.

Como é sabido, aspectos históricos e culturais impactam a vivência individual e em sociedade. Em razão disso, cabe destacar que, durante a Idade Média, a presença de crimes contra o sentimento religioso era comum e se multiplicava com enorme rapidez. As penas eram fixadas com maior ou menor grau de intensidade, a depender do crime que houvesse sido praticado. Alguns exemplos de punições dessa época são: corte de membros, perfuração ou mutilação da língua, exílio, prisão e até mesmo a morte.

As mudanças de pensamento e as evoluções associadas à modernidade tornaram possível uma nova abordagem acerca das punições relativas aos crimes contra o sentimento religioso. A partir dos avanços do Iluminismo, uma religião ou uma divindade não era mais considerada suprema em detrimento de outra, ou seja, daí se originou o livre exercício do culto e do sentimento religioso.

Nesse sentido, cumpre esclarecer que a intolerância religiosa pode ser entendida como um conjunto de ideologias e atitudes ofensivas às crenças, à fé e às práticas religiosas de outrem, podendo também ser atingidos aqueles que não professam nenhuma fé e, em razão disso, acabam vítimas de crimes de ódio. A intolerância religiosa é um crime que fere tanto a liberdade quanto a dignidade da pessoa humana, cujos direitos são fundamentais, conforme a CF (Brasil, 1988).

Mas o que é *intolerância*? A intolerância pode ser compreendida como a incapacidade de aceitar o diferente, seja uma opinião, seja uma prática distinta. A intolerância, em regra, está associada a ações preconceituosas e manifestações de violência, como intolerância racial, social, sexual, religiosa, entre outras. A **intolerância religiosa** se caracteriza a partir do momento que uma pessoa ou uma instituição não aceita a religião ou a crença de outra pessoa ou comunidade, manifestando sua recusa/repulsa por meio de agressões físicas e/ou verbais, ataques aos locais de culto, chegando até ao assassinato. A intolerância já existe a séculos e, mesmo que legalmente condenável, não deixou de ocorrer. Estudos traçaram que a maior parte das motivações de intolerância surgiu a partir da transição da predominância de religiões politeístas para as monoteístas. Na defesa desse novo ponto de vista, diversas guerras santas foram travadas a fim de que esse novo Deus Uno fosse tomado como o Ser Supremo. A história mostra que essa modificação não foi aceita sem contestação nem ocorreu de forma instantânea.

PARA SABER MAIS

Recomendamos a leitura da seguinte reportagem publicada na página *Vatican News* sobre o crescimento da intolerância religiosa contra cristãos e muçulmanos:

MUNDO: cresce intolerância religiosa contra cristãos e muçulmanos. **Vatican News**, 13 nov. 2020. Disponível em: <https://www.vaticannews.va/pt/mundo/news/2020-11/intolerancia-religiosa-no-mundo.html>. Acesso em: 2 jun. 2021.

Também indicamos que você acesse a notícia a seguir sobre as denúncias de intolerância religiosa no Brasil, cujos dados revelam o crescimento da prática desse crime de ódio em 2019:

SOUZA, M. D. de. Denúncias de intolerância religiosa aumentaram 56% no Brasil em 2019. **Brasil de Fato**, 21 jan. 2020. Disponível em: <https://www.brasildefato.com.br/2020/01/21/denuncias-de-intolerancia-religiosa-aumentaram-56-no-brasil-em-2019>. Acesso em: 2 jun. 2021.

A intolerância religiosa não corresponde a um fenômeno isolado, uma vez que sofre influência de aspectos sociais, econômicos e políticos. É curioso constatar que a religião, cujas principais características e finalidades são a solidariedade, a união, a paz e o respeito/amor ao próximo, também é responsável por despertar grandes rivalidades e disputas de ódio, além de promover conflitos e intolerância. Nesse sentido, cabe refletir sobre a contradição imposta pelas práticas de intolerância religiosa, bem como sobre formas efetivas de combatê-las.

No Brasil, a intolerância religiosa configura-se como um ato discriminatório e, portanto, é crime. A discriminação religiosa está prevista pela Lei n. 7.716, de 5 de janeiro de 1989 (Brasil, 1989), tendo sido alterada pela Lei n. 9.459, de 13 de maio de 1997 (Brasil, 1997), das quais destacamos os seguintes artigos:

> Art. 1º Serão punidos, na forma desta Lei, os crimes resultantes de discriminação ou preconceito de raça, cor, etnia, **religião** ou procedência nacional.
>
> [...]
>
> Art. 3º Impedir ou obstar o acesso de alguém, devidamente habilitado, a qualquer cargo da Administração Direta ou Indireta, bem como das concessionárias de serviços públicos.
>
> Pena: reclusão de dois a cinco anos.
>
> Parágrafo único. Incorre na mesma pena quem, por motivo de discriminação de raça, cor, etnia, religião ou procedência nacional, obstar a promoção funcional.
>
> [...]
>
> Art. 20. Praticar, induzir ou incitar a discriminação ou preconceito de raça, cor, etnia, religião ou procedência nacional.
>
> Pena: reclusão de um a três anos e multa. (Brasil, 1989, grifo nosso)

Outra medida interessante, e que marca o repúdio à prática da intolerância religiosa no Brasil, é o Dia Nacional de Combate à Intolerância Religiosa, em 21 de janeiro.

É alarmante imaginar e visualizar a presença da intolerância religiosa a nível mundial, tendo em vista a dificuldade e, para os mais céticos, a impossibilidade de um país livre de intolerância. Presente em todo mundo, a intolerância marca as mais diversas épocas e fases da humanidade e, apesar das evoluções e dos avanços, ela persiste agredindo, humilhando e matando. É preciso reiterar que vivemos em mundo plural; as diversidades de pensamentos e crenças são características humanas, tendo em vista os distintos posicionamentos, necessidades e interesses de cada um. Cabe o respeito mútuo, por meio de uma convivência saudável em sociedade.

4.3 Exclusão metodológica do transcendente

Relembremos, de início, que a psicologia da religião é o estudo do comportamento religioso, que pode ser afetado por determinadas crenças em uma dimensão transcendente, cuja existência depende de aspectos culturais, sociais, morais etc.; no mundo ocidental, por exemplo, essa divindade corresponde, sobretudo, a Deus. Nesse sentido, a psicologia da religião concentra-se na análise dos aspectos psicológicos relativos à experiência religiosa ou espiritual.

Théodore Flournoy (1854 – 1920), ao apresentar seus estudos no campo da psicologia da religião, propôs que as investigações adotassem o método da exclusão metodológica do transcendente, ou seja, a realidade ontológica de Deus, ou de qualquer entidade a que se atribua a divindade, o sagrado, o numinoso, ou qualquer outra dimensão que esteja além e seja superior à experiência humana, não deveria compor o estudo da psicologia (Zangari; Machado, 2018).

No entanto, a despeito de todo o esforço para se estabelecer as bases de um estudo da experiência religiosa que, sob o viés da psicologia, separasse a teologia do fenômeno religioso, a fim de caracterizar a cientificidade dessa disciplina, verifica-se que o comportamento religioso, bastante subjetivo, impõe dificuldades a uma abordagem estritamente empírica e objetiva, mas, ao mesmo tempo, é uma fonte que pode revelar sobre o funcionamento da mente, por isso o grande interesse dos psicólogos. Esse campo ganhou maior destaque no século XIX, em que se alcançou a compreensão de que é possível explicar, a partir do comportamento religioso, alguns comportamentos humanos, ainda que não estejam associados à ideia de racionalidade.

Zangari e Machado (2016) destacam que a relação entre psicologia e religião não é única ou exclusiva, já que se caracteriza por seu perfil multifacetado e variações intrínsecas. Assim, é necessário que os profissionais que aderem a essa área sejam cuidadosos em suas escolhas e no desempenho de sua atuação, já que, a partir de suas observações, devem manter uma posição a mais neutra possível, não sendo contrários ou favoráveis a qualquer tipo de crença, e sempre orientar-se por métodos científicos. Porém, também é preciso cautela no que se refere aos limites impostos pela psicologia, afinal, ainda que corrobore uma disciplina científica, apresenta problemas epistemológicos, por isso a religião também precisa ser considerada com base em uma realidade ontológica, que se apoie em teorias devidamente fundamentadas.

Os 10 mandamentos da exclusão metodológica do transcendente, apresentados por Zangari e Machado (2016), propõem uma reflexão sobre os limites epistemológicos da psicologia, principalmente quando está em perspectiva a direção dessa ciência em compreender o comportamento humano quanto aos fenômenos religiosos. Vejamos cada um deles:

1. Não afirmarás a existência do transcendente.
2. Não afirmarás a inexistência do transcendente.

3. Compreenderás que, ao não afirmar a existência ou a inexistência do transcendente, não significa que ele não exista.
4. Não praticarás uma psicologia religiosa da religião.
5. Não praticarás uma psicologia irreligiosa da religião.
6. Respeitarás a crença ou a descrença religiosa de teu cliente.
7. Não praticarás religião, esoterismo ou pseudociência.
8. Compreenderás o discurso religioso de teu paciente a partir da teoria psicológica.
9. Respeitarás suas próprias crenças e descrenças.
10. Reconhecerás a impossibilidade de exercer a plena neutralidade científica.

Perguntas & respostas

O que é um mandamento?

- Sob o ponto de vista dicionarizado, *mandamento* seria uma ação ou o efeito de mandar que parte de alguém com autoridade suficiente para ordenar. Sob o olhar religioso, *mandamento* compreende requisitos morais que precisam ser cumpridos, uma vez que partem de Deus e, por isso, foram escritos por Moisés em tábua de pedra.

Esses 10 mandamentos da exclusão metodológica do transcendente devem nortear a atuação dos psicólogos, principalmente aqueles que optam por atuar no domínio da psicologia da religião, logo, que compreendam a religiosidade, e os comportamentos derivados dela, como influente na vida e no desenvolvimento humano, vista sua capacidade de promover qualidade de vida e bem-estar mental, bem como de mudar a percepção dos indivíduos acerca de suas ações e sentimentos.

De acordo com Zangari e Machado (2016), o primeiro mandamento se refere a não afirmar a existência do transcendente, uma vez que as teorias psicológicas diferem das teológicas. Dessa forma, os psicólogos não podem dispor acerca da realidade ontológica integral do objeto religioso. Em conformidade com esse mandamento, sua tarefa é avaliar o comportamento religioso ou irreligioso do ser humano, de modo a perceber sua implicação na existência concreta desse sujeito. Afirmar a existência do transcendente extrapola a esfera psicológica.

O segundo mandamento expõe a ideia oposta, ou seja, também não se deve afirmar a não existência do transcendente, pois, nesse caso, os limites da atuação no campo da psicologia também são ultrapassados. Zangari e Machado (2016) enfatizam que a explicação do comportamento religioso do ponto de vista psicológico não garante a inexistência do transcendente.

O terceiro mandamento apresenta uma reflexão e uma conclusão a que se pode chegar analisando-se os dois mandamentos anteriores. Isto é, ao não afirmar ou refutar a existência do transcendente, não significa que ele inexista, ou seja, afirmar ou negar sua existência não o torna mais ou menos real ou irreal, implica, apenas, em se abster desse debate.

O quarto mandamento se refere ao fato de que a psicologia religiosa da religião não deve ser praticada, visto que a preocupação da psicologia da religião é compreender o comportamento religioso. Não lhe cabe, portanto, o estudo das religiões, da espiritualidade e/ou da religiosidade, pois esse não é seu *corpus*, e sim a psique e os comportamentos humanos. Sendo assim, a psicologia da religião investiga o comportamento religioso, e não a religião, por isso não é subordinada a instituições ou doutrinas; pelo contrário, caso haja situações desse tipo, a psicologia terá falhado em relação a sua finalidade e estará maculada pela ausência de imparcialidade.

O quinto mandamento afirma que a psicologia da religião não será praticada de forma irreligiosa, o que, aparentemente, contradiz o quarto mandamento. No entanto, na verdade, está posto que a compreensão psicológica do comportamento religioso deve se voltar à análise psicológica, corroborando o fato de a psicologia da religião não estar atrelada a nenhuma religião específica. Isso, porém, não significa que ela assuma, por isso, um posicionamento ateu, já que esse ramo da psicologia também se interessa pelo ateísmo e sua influência nas escolhas e nos comportamentos de pessoas que se dizem ateias.

O sexto mandamento expõe, mais uma vez, a necessidade de que o psicólogo atue de maneira imparcial, respeitando o paciente e considerando as suas necessidades e interesses. Determina, assim, que o profissional da psicologia deve respeitar a crença ou a descrença religiosa do paciente, sendo esse um preceito que está de acordo com o expresso na CF e em normas infraconstitucionais, alinhando-se também com a busca pelos direitos humanos e pelas garantias de uma vida digna, em que todas as crenças ou descrenças sejam um direito inalienável de cada indivíduo.

O sétimo mandamento reforça o posicionamento do Conselho Nacional de Psicologia sobre a presença da religião em atendimentos clínicos, determinando que a religião, o esoterismo e/ou a pseudociência não são práticas aceitas em consultório, pois a psicologia deve utilizar métodos e técnicas científicos, prezando pela ética de sua profissão. Por essa razão, os psicólogos devem seguir o expresso no *Código de Ética Profissional do Psicólogo* (CFP, 2005) e basear-se em seus anos de aprendizado prático e teórico, a fim de fornecer um atendimento coerente e, por consequência, proteger seus direitos. Ninguém procura um atendimento psicológico esperando que um serviço diferente daquele vinculado a essa profissão seja entregue, e, em razão disso, os pacientes têm o direito de receber o que buscam e o que desejam de forma exclusiva, em conformidade com os 10 mandamentos aqui apresentados.

O oitavo mandamento envolve a compreensão de que o discurso religioso do paciente deve ser entendido com base no referencial adotado pelo psicólogo. Dessa forma, o discurso, as experiências e os fenômenos religiosos são importantes para a compreensão da subjetividade do indivíduo, pois também significa suas experiências e seus comportamentos. Assim, as diversas teorias psicológicas servem para "ler" o paciente; o discurso religioso, desse modo, é tomado no que tem de psicológico e não religioso.

O nono mandamento diz respeito às crenças ou descrenças religiosas do profissional psicólogo, pois, ainda que entre suas obrigações esteja a necessidade de manter uma postura imparcial e ética, é preciso admitir que eles também sentem, a seu modo, os temas da religião, da religiosidade e da espiritualidade, sendo-lhes igualmente facultado o direito de assumir, de modo individual, crenças religiosas.

O décimo e último mandamento exige que, mesmo que se reconheça os esforços dos psicólogos e dos estudiosos da área em tentar evitar quaisquer tipos de interferências, elas estão sujeitas a ocorrer. Logo, é preciso reconhecer a impossibilidade de um exercício de neutralidade perfeito (e utópico). Dessa forma, a neutralidade total inexiste, pois é inalcançável e, por isso, irreal, em razão da própria natureza humana e de sua subjetividade inerente. Em outras palavras, ainda que o psicólogo se esforce ao máximo para que seus atos sejam imparciais, ele é um sujeito dotado de crenças e descrenças particulares, logo pode ser que haja interferência em algum nível, pois a neutralidade plena é inalcançável. Contudo, esse pensamento não fomenta a parcialidade deliberada, cuja ação poderia infringir discriminação e/ou desconforto ao paciente.

Exercícios resolvidos

2. A psicologia da religião é compreendida como um estudo sobre o comportamento religioso que engloba crenças e aspectos culturais e históricos. Todavia, esse ramo pertence à psicologia, não à religião, logo, seus métodos e técnicas têm base científica,

cujo objetivo é averiguar as influências religiosas na mente e na vida dos indivíduos. Não se trata, como se vê, de estudar a religião em si. Nesse contexto, Zangari e Machado (2016) apresentam os 10 mandamentos da exclusão do transcendente, que servem de norte à atuação do psicólogo na psicologia da religião. Assinale a alternativa correta sobre esses mandamentos:

A] Em conformidade com o terceiro mandamento, é necessário que o psicólogo se posicione quanto à existência do transcendente.
B] O quarto mandamento determina que não se deve praticar uma psicologia religiosa da religião, ou seja, o trabalho do psicólogo é compreender o comportamento religioso, portanto ele não está à serviço da religião, o que justifica a prática da psicologia irreligiosa da religião.
C] O nono mandamento refere-se à imparcialidade integral do psicólogo, que, sob nenhuma hipótese, pode demonstrar quaisquer crenças ou descrenças religiosas particulares, com o fito de nunca participar do tratamento dos pacientes.
D] O sexto mandamento ratifica o respeito à crença ou à descrença religiosa de cada paciente, cujo conteúdo concorda com o expresso na CF de 1988 sobre a proteção aos direitos humanos básicos, a busca por uma vida digna, em que nenhum tipo de discriminação é permitido. Assim, cada paciente tem o direito inalienável de acreditar ou de não acreditar, a depender de seu julgamento individual.

Gabarito: (d). Não cabe ao psicólogo ratificar ou refutar a existência do transcendente; é preciso se abster desse debate no exercício de sua profissão, isso é o que preconiza o terceiro mandamento. O quarto mandamento versa sobre a prática da psicologia religiosa da religião; já o quinto determina que não se deve praticar a psicologia irreligiosa da religião, é preciso não confundir esses dois, pois trazem ensinamentos distintos. O nono mandamento é voltado para o respeito às crenças e descrenças religiosas por parte do psicólogo como um ser humano implicado no exercício de sua profissão. Já o décimo mandamento faz menção à inexistência de uma neutralidade plena, justamente em razão da própria natureza humana.

Dessa maneira, os 10 mandamentos servem como um guia para a relação que se estabelece entre religião e psicologia e para que os psicólogos possam sistematizar sua atuação mediante o relacionamento firmado com o paciente e com base nos estudos da área de psicologia da religião.

4.4 Método fenomenológico-existencial

A psicologia fenomenológico-existencial propõe que seja aplicado o método fenomenológico à realidade concreta, uma vez que a proposta existencialista está voltada para a existência do homem médio, suas abstrações e o contexto em que vive, afinal, cada elemento e cada momento são absorvidos de forma distinta por cada indivíduo.

Para saber mais

Recomendamos que você assista ao vídeo a seguir, do canal Ex-isto, que trata, de maneira introdutória, sobre a psicoterapia fenomenológico-existencial e apresenta suas bases filosóficas: a fenomenologia e o existencialismo, demonstrando a relação dessas teorias com a psicoterapia.

PSICOTERAPIA fenomenológico existencial – introdução. **Ex-isto**, 28 mar. 2020 (8min 29s). Disponível em: <https://www.youtube.com/watch?v=Ri52gXZIjZQ>. Acesso em: 2 jun. 2021.

Em conformidade com Cardinalli et al. (2003), a psicoterapia fenomenológico-existencial envolve um tipo de relação específica: durante o atendimento, durante a troca terapeuta-paciente, o terapeuta deve buscar entender o indivíduo e sua maneira de viver, bem como as causas de seu desconforto. Assim, esse método parte da suposição de que a atitude e a atuação terapêutica são norteadas pela compreensão do paciente na situação e na relação específica em que ele se encontra em cada atendimento, situação essa que pode oscilar a depender das dificuldades, das conquistas e dos problemas enfrentados entre um atendimento e outro.

4.5 Motivação religiosa

Quando se fala em *motivação*, o que vem a sua mente? Em geral, a motivação pode estar associada a um impulso que direciona as pessoas no sentido de seus objetivos. Assim, ela pode conter fenômenos emocionais, biológicos e sociais, cujo processo é pela busca de comportamentos que auxiliem no cumprimento dos objetivos preestabelecidos.

No campo da psicologia, a *motivação* é um termo de ampla significação, sendo um assunto de grande interesse por parte dos psicólogos, visto que sua compreensão pode assistir o profissional na busca por determinado tratamento psicológico, pois abre a possibilidade de entender qual é a disposição real do indivíduo em iniciar o tratamento. Ainda, a motivação é um elemento de suma importância para o desenvolvimento humano, pois, na sua ausência, o alcance de certas tarefas pode se tornar ainda mais complexo e árduo, por isso é necessário e fundamental que as pessoas tenham motivação para buscar o que desejam.

Exemplificando

Imaginemos duas situações:

1. Após realizar alguns exames, você descobriu que está com algumas taxas metabólicas alteradas e, para melhorá-las, terá de praticar exercícios físicos. Contudo, você nunca praticou exercício e não sente vontade de iniciar, por isso, toda vez que começa, logo em seguida desiste em razão das dificuldades que as atividades físicas lhe oferecem. Ao não se sentir motivado, ainda que sua saúde dependa dessa prática, você sempre acaba desistindo.
2. Você deseja passar em um concurso público e, para tanto, sabe que precisará estudar. Assim, todos os dias, dedica um horário para que essa sua meta seja atingida. Mesmo sendo difícil, você não desiste, pois sente que está motivado e que é capaz de alcançar esse objetivo.

É possível perceber, assim, que a motivação é uma força interior que torna o cumprimento das tarefas mais fáceis e está presente na vida de todas as pessoas, seja em sua forma positiva, seja por sua ausência, causa da desmotivação.

Nesse sentido, Vernon (1973, p. 11) define *motivação* como uma "espécie de força interna que emerge, regula e sustenta todas as nossas ações mais importantes. Contudo, é evidente que motivação é uma expe-riência interna que não pode ser estudada diretamente". Todavia, esse não é o único conceito de motivação. Para Bzuneck (2004, p. 9):

> A motivação tem sido entendida ora como um fator psicológico, ou conjunto de fatores, ora como um processo. Existe um consenso generalizado entre os autores quanto à dinâmica desses fatores

psicológicos ou do processo, em qualquer atividade humana. Eles levam a uma escolha, instigam, fazem iniciar um comportamento direcionado a um objetivo.

Além de estar presente no campo da psicologia, a motivação também está ligada à religião, sendo dividida em motivação religiosa *extrínseca* e *intrínseca*, cuja separação distingue as práticas religiosas instrumental e as que têm um fim em si mesmas. Na motivação religiosa extrínseca, a religião é que agencia o sentimento de motivação dos indivíduos; já a motivação religiosa intrínseca ocorre quando as pessoas se sentem interiormente motivadas pela religião, ou seja, o agenciamento muda. Em outras palavras, caso a religião sirva como instrumento por meio do qual surgem interesses e serviços com fins definidos, está-se no campo extrínseco da motivação religiosa; porém, quando a existência religiosa se justifica a si mesma, figurando como fundamental para a vida humana, está-se no campo da motivação intrínseca.

Além desses dois tipos de motivação, destacamos a orientação de busca, que caracteriza uma questão fundamental sobre a existência como um todo, visto que, quem se sente orientado, não deixa de enxergar dúvidas e lacunas na religião que segue, mas encara seus questionamentos de forma positiva, estando, até mesmo, aberto à possibilidade de revisar suas questões religiosas. A orientação religiosa abre possíveis diálogos, pautando grandes perguntas existenciais da vida humana, inclusive aquelas que implicam grandes contradições. Assim, essa orientação permite uma visão abrangente, crítica e flexível, caracterizada pela atitude de dúvida e pela busca da identidade pessoal.

Por fim, *motivação* também pode ser entendida como o motivo/causa de algo. Nesse sentido, na mídia, deparamo-nos frequentemente com a expressão *motivação religiosa* para explicar que determinado crime foi cometido por discriminação religiosa, ou seja, esta foi a sua motivação.

4.6 Experiência religiosa

O termo *experiência* remete ao conhecimento ou ao aprendizado adquirido por meio da prática ou da vivência subjetiva e/ou objetiva. Por meio dela, o sujeito tem contato com os objetos e conhece suas características. A experiência objetiva corresponde ao encontro experiencial original com o objeto em questão; já a experiência subjetiva ocorre por meio de interpretações sobre determinado objeto.

A experiência está intrinsicamente ligada ao indivíduo que a experimenta, pois é dependente de ser preenchida com significações próprias. Dessa forma, a interpretação é feita com base no conhecimento de mundo e em percepções do sujeito a respeito dos objetos que o rodeiam, sendo impossível gerar uma experiência humana totalmente neutra. Logo, a experiência é uma forma de se fazer conhecer determinado objeto, e esse conhecimento é capaz de influenciar as próximas experiências do sujeito, pois o ser humano tanto é afetado por suas vivências particulares como afeta o mundo ao seu redor por meio daquilo que experiencia.

Sendo assim, a experiência também pode ser compreendida como um processo fundamental para o aprendizado. Existem experiências de diversos tipos, com caráteres desportivo, estético, político, social, econômico e religioso. Segundo Figueira (2007), a "Experiência Religiosa" faz menção à "Experiência do Sagrado" e, dessa forma, envolve a relação firmada entre o homem e o sagrado. Nesse sentido, a experiência religiosa, ao se relacionar com o sagrado, evoca a consciência de questões que tocam o âmbito essencial do sentido. Para Vaz (1974, p. 82), "na experiência do sagrado o polo da presença define-se pela particularidade de um fenômeno cujas características provocam, no polo da consciência, essas formas de sentimento e emoção que formam como que um halo em torno do núcleo cognoscitivo da experiência".

Assim, a experiência religiosa pode ser compreendida sob diversas óticas, em que cada qual desenvolve um campo distinto do saber e cujas relações entre si estabelecem diálogos sobre temas muitas vezes convergentes. Aqui, destacaremos as principais percepções sob os pontos de vista sociológico, fenomenológico, psicológico e teológico.

FIGURA 4.1 – Percepções da experiência religiosa

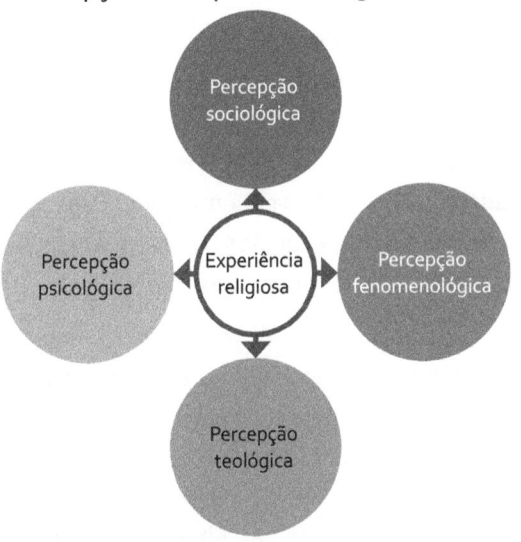

Fonte: Elaborado com base em Teixeira, 2021.

Em conformidade com o olhar **sociológico**, o fenômeno religioso concretiza-se no tempo, de forma a registrar suas expressões efetivas, representações, crenças e ritos específicos. Além disso, a visão sociológica, partindo dos ensinamentos de Durkheim, esclarece que a religião tem como uma de suas principais funções auxiliar o ser humano a viver, guiar suas atitudes, considerando-se suas potencialidades e relações de poder, bem como a forma de agir perante as dificuldades e os enfrentamentos da vida cotidiana. Hervieu-Léger (2008, p. 41) explica que o problema principal "para uma sociologia da modernidade religiosa é, portanto, tentar compreender conjuntamente o movimento pelo qual a Modernidade continua a minar a credibilidade de todos os sistemas religiosos e o movimento pelo qual, ao mesmo tempo, ela faz surgir novas formas de crença".

Sob o ponto de vista **fenomenológico**, sabe-se que a religião também foi afetada e influenciada pela fenomenologia, tendo em vista o resgate do desejo de transcendência humana. Assim, com base nessa perspectiva, o fenômeno religioso busca alcançar a essência do sagrado, sendo esse um traço fundamental para a experiência religiosa, uma vez que o sagrado é responsável pelo funcionamento do mundo, por isso fornece explicações acerca da existência humana. Em outras palavras, tudo depende do sagrado, o que demonstra sua superioridade e transcendência. Nesse sentido, para Usarski (2006, citado por Teixeira, 2016, p. 3),

> o maior desafio que o mundo complexo das religiões representa para um fenomenólogo "clássico" é o da abstração da complexidade dos fatos reais para chegar ao "conhecimento" do sagrado o mais imediatamente possível, ou seja, da suposta essência de qualquer "verdadeira" religião que repercute no interior de um ser humano sensível para tal "última realidade" [...]. Enquanto os fenomenólogos pretendiam ir além dos aspectos particulares que constituem uma religião no contínuo tempo-espaço, para chegar à essência da religião em si, as gerações posteriores dos cientistas da religião defendem o caráter multidisciplinar dos seus estudos e a necessidade de uma colaboração entre especialistas formados em diferentes subdisciplinas e interessados em todas as dimensões que compõem qualquer religião concreta.

No que se refere ao olhar psicológico, já vimos que a religião e a psicologia podem funcionar conjuntamente, ainda que uma não substitua a outra nem possa intervir em seu campo de atuação de forma invasiva e opressiva, de forma a se estabelecer entre ambas uma relação com objetivos comuns. Assim, a psicologia procura aproximar o fenômeno das tensões e polarizações que lhes são constitutivas, de maneira a observar aspectos subjetivos da vida e dos comportamentos humanos. Teixeira (2016, grifo do original) esclarece:

> O olhar psicológico, aninhado num ramo específico das ciências da religião, busca examinar os fenômenos e manifestações religiosas tendo em vista a polifonia de suas dimensões comportamentais. É, porém, um olhar que se encontra ainda em **estágio de construção**, mesmo com uma história que já soma quase cento e cinquenta anos.

Por fim, sob a ótica teológica há, assim como na fenomenologia, um desejo pelo transcendente, em que se assume a inseparabilidade do transcendente e da vida humana tendo em vista sua atuação na consciência subjetiva dos seres, isto é, corresponde a um traço necessário impossível de ser suprimido.

Exercícios resolvidos

3. O estudo da experiência religiosa levanta polêmicas e temas complexos às instituições tradicionais. Nesse sentido, as religiões não devem adotar um comportamento restritivo, tendo em vista a multiplicidade de temas e discussões que lhes são caros e que têm sido debatidos por outras disciplinas até mesmo científicas. Com base nisso, assinale a alternativa correta acerca da experiência religiosa:
   A] O ponto de vista sociológico é voltado para a explicação da experiência religiosa com base na busca pelo transcendente.
   B] A abordagem psicológica é marcada por significados múltiplos, pois aproxima o fenômeno religioso das tensões e polarizações que lhes são constitutivas, observando, assim, a conduta dos sujeitos e seus aspectos subjetivos.

c] O ponto de vista psicológico, assim como o teleológico, busca o transcendente e suas possíveis explicações sobre o universo. O ser humano, sob essa ótica, não se dissocia do sagrado, já que este domina sua subjetividade.
d] O ponto de vista fenomenológico parte do pressuposto de que a função religiosa é essencial na vida das pessoas a fim de que elas possam superar dificuldades e agir corretamente perante seus problemas.

Gabarito: (b). A perspectiva sociológica busca situar o fenômeno religioso no tempo, de forma a compreender seus impactos na sociedade e na vida particular do indivíduo; a psicológica, por sua vez, não firma relações com o transcendente, pelo contrário, cabe ao psicólogo aplicar os 10 mandamentos da exclusão metodológica do transcendente. Assim, em resumo, os campos que cultivam o desejo pelo transcendente são o fenomenológico e o teológico.

Por fim, vale endossar que a experiência religiosa é humana, ou seja, nela está contida uma relação essencial entre o sagrado e o ser humano. Dessa maneira, o ser humano busca a totalidade, que pode ser traduzida como a busca pela salvação, alcançada por meio da experiência religiosa.

Síntese

Neste capítulo, chegamos às seguintes conclusões:
- Ainda não há um consenso quanto ao conceito e às características dos fenômenos psicológicos, porém, no geral, estes estão associados a questões internas do ser humano, cujas influências têm forte ligação com o contexto histórico-social.

- Os fenômenos psíquicos mantiveram uma relação com o mesmerismo e o espiritualismo, o que gerou muito ceticismo entre os estudiosos.
- Os fenômenos religiosos possibilitam a produção e a promoção do conhecimento científico baseado na religião, na religiosidade e na espiritualidade, bem como demonstram os impactos causados por essas áreas nos comportamentos dos indivíduos e na vida humana em geral.
- Os fenômenos religiosos estão intrinsicamente ligados à cultura.
- Os crimes contra os sentimentos religiosos e a intolerância religiosa são crimes de ódio, portanto, seus praticantes devem ser legalmente punidos, conforme estabelece a CF (Brasil, 1988) e o Código Penal brasileiro (Brasil, 1940).
- O psicólogo deve observar os 10 mandamentos da exclusão metodológica do transcendente no estudo e na prática de sua profissão.
- A proposta da psicologia fenomenológico-existencial é aplicar o método fenomenológico aos princípios existenciais da realidade concreta.
- A motivação religiosa pode ser intrínseca e extrínseca. A intrínseca refere-se à religião como um fim em si mesma, uma vez que norteia a vida humana, sendo o eixo e o critério absoluto das decisões tomadas pelas pessoas; a extrínseca, por sua vez, considera a religião um instrumento por meio do qual são ensejadas certas ações e comportamentos.
- As experiências religiosas precisam ser analisadas sob um ponto de vista amplo, que considere a diversidade dessa temática e sua amplitude, assumindo possíveis perspectivas sociológicas, fenomenológicas, psicológicas e teológicas.

5
A PSICOLOGIA E A RELIGIÃO NA ATUAÇÃO DO PSICÓLOGO

Conteúdos do capítulo:
- Conversão religiosa.
- Conselho de Psicologia: conceito, competências e regulamentação sobre a abordagem profissional do psicólogo quanto à espiritualidade/religiosidade.
- Aplicação da psicologia da religião.
- Laicidade: definição e principais características.
- Laicidade no Brasil.

Após o estudo deste capítulo, você será capaz de:
1. explicar o que é a conversão religiosa e as razões de sua motivação;
2. identificar as competências relativas ao Conselho Federal de Psicologia (CFP), bem como as dos Conselhos Regionais de Psicologia (CRPs);
3. averiguar a regulamentação do CFP e dos CRPs acerca da abordagem profissional quanto à espiritualidade/religiosidade;
4. analisar como ocorre a aplicação da psicologia da religião;
5. explicitar conceitos e características gerais da laicidade;
6. verificar como ocorre a laicidade no Brasil.

Os psicólogos não exercem a psicologia de forma homogênea, uma vez que existem várias teorias que podem ser adotadas ao longo de seu exercício profissional. Além disso, a experiência pessoal de cada um também interfere na maneira como esses psicólogos lidam com as questões comportamentais de seus pacientes, tendo sempre em vista o *Código de Ética Profissional do Psicólogo* (CFP, 2005), que preconiza, entre outras coisas, que seja oferecido um atendimento imparcial e qualificado.

5.1 Conversão religiosa: conceitos e características

A conversão é entendida, no geral, como a ação ou o efeito de converter, assim corresponde à transformação, alteração, modificação de uma coisa em outra. Quando estudamos as teorias e os cálculos de Física, muitas vezes convertemos valores a fim de que sejam aplicados corretamente, como é o caso da conversão da temperatura em Fahrenheit para graus Celsius, o peso em gramas para quilos, ou ainda metros para quilômetros, entre outras.

A conversão, como ideia de mudança, também está presente na religião, sendo compreendida como a ação ou o efeito de mudar de crença religiosa, cujo processo resulta na alteração de ponto de vista, hábitos e costumes. Para Gomes (2011), a conversão religiosa é a mudança de uma religião para outra distinta. Essa terminologia, em regra, refere-se à entrada em uma nova religião capaz de modificar a visão do indivíduo, sua identidade, sua forma de se comportar e de conceber a realidade do mundo. Todavia, a conversão não pode ser confundida com a adesão, que é a participação em um movimento religioso sem que, necessariamente, haja uma alteração do estilo de vida da pessoa. Por isso, a conversão costuma ser vista como um divisor de águas, pois existe a vida antes da conversão e depois de convertido. Alves (2005) destaca que a conversão também pode ser vista como um esquema significativo, já que, por meio dela, ocorre um fenômeno psicossocial que desestrutura determinado sistema de significação para que, logo em seguida, um novo esquema passe a ser adotado, gerando-se, assim, um novo sistema diferente do primeiro.

Os assuntos sobre religião como um todo, em regra, são geradores de polêmicas, já que envolvem opiniões, pontos de vista e comportamentos distintos, sem que isso implique, no entanto, em posições mais ou menos verdadeiras. Dessa forma, a conversão religiosa é uma temática complexa, porém de suma importância para o entendimento e o estudo do comportamento humano, podendo ser analisada sob a ótica da psicologia, da sociologia, da teologia, da antropologia, da filosofia etc.

O estudo dos impactos que a conversão religiosa pode causar na vida humana não analisa apenas o âmbito das instituições religiosas, mas ultrapassa essa barreira e visa compreender sentimentos, atos e experiências dos indivíduos que resultam na tomada de decisão pela mudança do que até então se acreditava para algo novo, que possa promover maior aproximação com o divino. Em conformidade com Freitas e Holanda (2014), a conversão religiosa não é uma temática largamente explorada pelos estudos acadêmicos, logo, existem poucos artigos publicados sobre o tema. Segundo os autores, no Brasil, verifica-se um aumento de publicações e pesquisas científicas voltadas à religião, cujas análises aliam a espiritualidade, a religiosidade e a própria religião com as áreas da saúde, da psicologia, da filosofia, entre outros campos possíveis de investigação (Freitas; Holanda, 2014).

A relação dos indivíduos com o divino é capaz de mudar o comportamento humano. São comuns em filmes e dramas gospel casos de mudanças bruscas enfrentadas a partir da adoção de uma nova religião, o que evidencia a força da intervenção divina no humano. Tal relação figura como elemento essencial de transformação e ressignificação na vida das pessoas, embora, vale dizer, a religião nem sempre seja um fator exclusivo nessa modificação, mas, nem por isso, pode-se negar sua influência nesse processo (Freitas; Holanda, 2014).

Nesse sentido, a conversão religiosa é caracterizada pela mudança, normalmente ocorrida diante de situações que revelam algum tipo de insatisfação do sujeito com sua atual religião. Assim, a religião antiga é tomada, conscientemente, como errada e inferior se comparada à nova religião, cujas qualidades são justeza e superioridade como garantias de felicidade. O desejo de conversão também é um apelo a rearrumações mentais. A conversão religiosa, segundo James (1995), apresenta duas tipologias distintas: uma marcada pelo caráter voluntário e outra caracterizada por algum tipo de renúncia, vinculada ao nível do inconsciente e de aspectos involuntários.

FIGURA 5.1 – Conversão religiosa

```
                    Tipos de conversão religiosa
                   ┌────────────┴────────────┐
                Volitivo                  Renúncia de si
              ┌────┴────┐                ┌──────┴──────┐
         Consciente  Voluntário     Inconsciente   Involuntário
```

Fonte: Elaborado com base em James, 1995.

O tipo de conversão **volitivo** é marcado pela consciência e por atos voluntários. Vista a importância dessa mudança na vida dos indivíduos, eles tendem a optar pela conversão depois de uma série de insatisfações, ausência de identificação e tentativas frustradas. Nesse sentido, a conversão ocorre de forma gradual, em que, aos poucos, um novo conjunto de hábitos morais e espirituais começa a ser formado. Contudo, por mais que esse processo seja lento, nem todas as etapas compartilham dessa característica, já que existem pontos críticos da conversão volitiva que ocorrem de forma muito mais rápida. Assim, os indivíduos sentem vontade de mudar de religião porque seus costumes, hábitos e interesses são incompatíveis, alinhando-se melhor a uma nova escolha que enseja a conversão ora mencionada (James, 1995).

A **renúncia de si**, em oposição à conversão do tipo volitivo, caracteriza-se pela inconsciência do indivíduo, ocorrendo de forma involuntária. Esse é o tipo mais comum de conversão, uma vez que é mais frequente. A renúncia de si normalmente é instantânea, ou seja, não há um processo de mudança gradual, pois o indivíduo se encontra tão exausto emocionalmente que, por impulso, numa busca desesperada e tomado por uma emoção superior, se entrega de imediato a uma nova religião (James, 1995).

Os seres humanos se diferenciam pelas suas características individuais. Ninguém é igual a ninguém; até mesmo aqueles que são gêmeos idênticos têm personalidades e opiniões distintas, ainda que tenham sido criados na mesma casa, pelos mesmos pais. Isso ocorre porque as vivências e experiências cotidianas são diferentes, a depender do olhar de cada indivíduo. Desse modo, os sentimentos, as emoções e as adversidades são sentidos de modo particular. Logo, o que pode parecer simples para um, para o outro é dotado de complexidade, e vice-versa. Dessa forma, não se pode afirmar que todas as conversões religiosas acontecem da mesma maneira e pelas mesmas razões, pois a natureza humana é imprevisível em muitos aspectos, ainda que o resultado seja basicamente o mesmo, ou seja, a conversão.

A conversão pode ocorrer por diversos motivos e não são todas as pessoas que passam por essa modificação em meio a grandes crises, angústias e momentos de desespero. Entretanto, os casos de adesão instantânea são os que mais chamam a atenção, pois se originam de sentimentos causados por situações extremas.

> **Para saber mais**
>
> O Vaticano, ao posicionar-se quanto à conversão religiosa, defendeu que essa ação tem de ser genuína, isto é, não deve ser forçada. Recomendamos que você leia na íntegra a matéria que trata desse posicionamento:
>
> AGÊNCIA ESTADO. Para Vaticano, conversão religiosa não pode ser forçada. **Diário do Nordeste**, 5 nov. 2007. Disponível em: <https://diariodonordeste.verdesmares.com.br/ultima-hora/mundo/para-vaticano-conversao-religiosa-nao-pode-ser-forcada-1.952147>. Acesso em: 2 jun. 2021.

Para Alves (2005), a conversão resulta de uma crise emocional cujo colapso atinge o sistema de significação individual. Nesse sentido, o autor enfatiza que a conversão só acontece quando a crise está caracterizada, ou seja, não é possível conversão sem dor, por isso persiste a ideia de ressignificação e reorganização dos sentidos da vida, uma vez que os motivos anteriores afetaram de forma drástica o sujeito, causando-lhe intenso sofrimento. A conversão religiosa pode ser representada de diferentes formas, a depender das crenças e dos costumes da religião que recebe o novo integrante, como o batismo, que simboliza a entrega do sujeito à divindade dessa nova religião, ou, como é comum no protestantismo, a assunção, por parte do novo seguidor, de que aceita Jesus.

A religião é responsável por nortear uma série de costumes, valores e pode, até mesmo, afetar a ciência, sem retirar-lhe, porém, a autonomia. As necessidades pessoais e a busca pelos significados da vida são aspectos de suma relevância para os sujeitos e, por isso, a depender de suas crenças, um ou outro sentido ganha relevância a seus olhos. Grande parte dos estudiosos concordam que o converso, ao adentrar na nova religião, sente-se invadido por uma sensação de paz e bem-estar; as emoções anteriores, como angústia, culpa e ansiedade, são substituídas por sentimentos de tranquilidade, já que a pessoa passa a se identificar com um novo grupo e a se adequar a uma nova postura de vida, que está de acordo com seus posicionamentos e interesses atuais.

James (1995) destaca, ainda, que a conversão religiosa é marcada por vários tipos de comportamentos, mas é comum, por exemplo, a presença de um forte caráter emocional envolvendo o processo de conversão e o fato de o sujeito estar em sofrimento em sua antiga religião e, por isso, necessitar de uma ruptura para que possa construir novas visões de mundo. Freitas e Holanda (2014, p. 102) também defendem que "a conversão religiosa tem como principal característica a possibilidade de transformação de vida do sujeito, refletida na mudança de comportamentos, sentimento de harmonia com a vida e nova visão de mundo".

Exercícios resolvidos

1. As mudanças são um fenômeno natural da vida humana, contudo, nem sempre são bem recebidas nem tampouco promovem impactos significativos para a vivência em sociedade. Nesse sentido, a religião não está isenta de sofrer alterações, ou melhor, o que as pessoas pensam acerca das práticas e dos dogmas a que são adeptos pode mudar, o que pode resultar em conversão. Tendo isso em vista, assinale a alternativa correta:
    a] A conversão religiosa corresponde à participação no movimento religioso, não estando necessariamente vinculada à ideia de transformação.
    b] A adesão religiosa resulta em modificações profundas no sistema de valores, costumes e opinião do indivíduo, pois implica em novas práticas e atitudes diante da vida.
    c] A conversão religiosa corresponde a uma mudança de religião. Essa terminologia é utilizada, em regra, para significar a saída de uma religião e a entrada em outra.
    d] A conversão religiosa é caracterizada por duas tipologias principais: volitiva e renúncia de si, sendo que aquela ocorre

> inconscientemente, e esta, por sua vez, necessita de uma tomada de decisão consciente, voluntária.
>
> **Gabarito:** (c). A conversão religiosa não consiste em somente participar da religião (adesão religiosa), mas em aderir a ela de modo a partilhar suas crenças e seus dogmas. Quanto aos tipos de conversão existem a volitiva e a renúncia de si, sendo aquela caracterizada pela voluntariedade, pelo ato consciente, e esta, pelo imediatismo e pelo gesto inconsciente de renúncia a si.

A conversão também oferece equilíbrio e paz ao indivíduo, aproximando-o da experiência com o divino. As conversões estão cada vez menos institucionalizadas, o que significa que sua ligação está cada vez mais atrelada a um sentimento de liberdade e maior aproximação com o divino (Freitas; Holanda, 2014).

5.2 Conselho Federal e Conselhos Regionais de Psicologia: o que dizem sobre espiritualidade e religiosidade?

O Conselho Federal e os Conselhos Regionais de Psicologia (CFP e CRPs, respectivamente) são a máxima representação dos psicólogos e sua função principal é regular o exercício profissional destes e propor soluções para polêmicas e conflitos.

O CFP e os CRPs foram criados pela Lei n. 5.766, de 20 de dezembro de 1971, que em seu art. 1º define:

> Art. 1º Ficam criados o Conselho Federal e os Conselhos Regionais de Psicologia, dotados de personalidade jurídica de direito público, autonomia administrativa e financeira, constituindo, em seu conjunto, uma autarquia, destinados a orientar, disciplinar e fiscalizar

o exercício da profissão de Psicólogo e zelar pela fiel observância dos princípios de ética e disciplina da classe. (Brasil, 1971)

A legislação em destaque determina que cada conselho seja dotado de suas próprias competências e normas de formação específicas. Assim, o CFP é o órgão supremo, com sede em Brasília e jurisdição em todo o território nacional.

O QUE É?

A *jurisdição*, em seu sentido estrito, significa "dizer o direito", mas esse termo não pode ser traduzido tão simploriamente. A *jurisdição* pode ser compreendida como a função relativa ao exercício de uma atividade específica, e no meio jurídico esse termo assume um papel de ainda mais relevância. Aqui, adotamos o entendimento de jurisdição como um poder legal por meio do qual determinados órgãos, conselhos e pessoas têm a função de aplicar o direito nos casos concretos.

A Lei n. 5.766/1971 estabelece que o CFP será formado por nove membros efetivos e nove suplentes, todos brasileiros e eleitos pela maioria dos votados em escrutínio secreto na Assembleia dos Delegados Regionais. A norma ainda fixa que o mandato dos membros desse conselho é de três anos e a reeleição pode ocorrer apenas uma vez. Vejamos o art. 6º da lei, que elenca as atribuições do CFP:

Art. 6º São atribuições do Conselho Federal:

a) elaborar seu regimento e aprovar os regimentos organizados pelos Conselhos Regionais;

b) orientar, disciplinar e fiscalizar o exercício da profissão de Psicólogo;

c) expedir as resoluções necessárias ao cumprimento das leis em vigor e das que venham modificar as atribuições e competência dos profissionais de Psicologia;

d) definir nos têrmos legais o limite de competência do exercício profissional, conforme os cursos realizados ou provas de especialização prestadas em escolas ou institutos profissionais reconhecidos;

e) elaborar e aprovar o Código de Ética Profissional do Psicólogo;

f) funcionar como tribunal superior de ética profissional;

g) servir de órgão consultivo em matéria de Psicologia;

h) julgar em última instância os recursos das deliberações dos Conselhos Regionais;

i) publicar, anualmente, o relatório de seus trabalhos e a relação de todos os Psicólogos registrados;

j) expedir resoluções e instruções necessárias ao bom funcionamento do Conselho Federal e dos Conselhos Regionais, inclusive no que tange ao procedimento eleitoral respectivo;

l) aprovar as anuidades e demais contribuições a serem pagas pelos Psicólogos;

m) fixar a composição dos Conselhos Regionais, organizando-os à sua semelhança e promovendo a instalação de tantos Conselhos quantos forem julgados necessários, determinando suas sedes e zonas de jurisdição;

n) propor ao Poder Competente alterações da legislação relativa ao exercício da profissão de Psicólogo;

o) promover a intervenção nos Conselhos Regionais, na hipótese de sua insolvência;

p) dentro dos prazos regimentais, elaborar a proposta orçamentária anual a ser apreciada pela Assembléia dos Delegados Regionais, fixar os critérios para a elaboração das propostas orçamentárias regionais e aprovar os orçamentos dos Conselhos Regionais;

q) elaborar a prestação de contas e encaminhá-la ao Tribunal de Contas. (Brasil, 1971)

Levando em consideração as disposições apresentadas, é possível verificar que as atribuições do CFP são amplas, já que se dirigem a todo o território nacional e a todos os CRPs dos estados brasileiros. Os CRPs, por sua vez, devem apresentar normas e regras que atendam à realidade e às necessidades de seus estados, sendo sua atuação igualmente fundamental para o exercício profissional, uma vez que garante um contato mais próximo com os psicólogos.

A Lei n. 5.766/1971 traz, ainda, disposições quanto à composição dos CRPs, cujos membros efetivos e suplentes devem todos ser brasileiros e eleitos pelos profissionais inscritos nas áreas de ação de cada conselho, cujos mandatos, assim como no CFP, é de três anos e a reeleição pode ocorrer apenas uma vez. Suas atribuições estão dispostas no art. 9º:

Art. 9º São atribuições dos Conselhos Regionais:

a) organizar seu regimento submetendo-o à aprovação do Conselho Federal;

b) orientar, disciplinar e fiscalizar o exercício da profissão em sua área de competência;

c) zelar pela observância do Código de Ética Profissional impondo sanções pela sua violação;

d) funcionar como tribunal regional de ética profissional;

e) sugerir ao Conselho Federal as medidas necessárias à orientação e fiscalização do exercício profissional;

f) eleger dois delegados-eleitores para a assembleia referida no artigo 3º;

g) remeter, anualmente, relatório ao Conselho Federal, nele incluindo relações atualizadas dos profissionais inscritos, cancelados e suspensos;

h) elaborar a proposta orçamentária anual, submetendo-a à aprovação do Conselho Federal;

i) encaminhar a prestação de contas ao Conselho Federal para os fins do item "q" do art. 6º. (Brasil, 1971)

Os conselhos desempenham, portanto, um papel ativo na interação com os psicólogos, podendo propor, por exemplo, parcerias com universidades a fim de aproveitar os espaços de pesquisas para que, posteriormente, os estudantes já formados se encaminhem para o mercado com planos e metas de desenvolvimento tendo em vista sua atuação na comunidade, de modo a prestar atendimento à população em geral (Holanda, 1997).

PARA SABER MAIS

A junção do CFP e dos CRPs resultam no Sistema de Conselhos de Psicologia. Para saber mais sobre esses sistemas, bem como esclarecer possíveis dúvidas quanto a sua composição e suas atribuições gerais, assista ao vídeo a seguir, disponível no canal do Conselho Federal de Psicologia:

CFP – Conselho Federal de Psicologia. **Conselhos de Psicologia**: funcionamento e atribuições. (20m 47s). Disponível em: <https://www.youtube.com/watch?v=0sTAmWev31k&ab_channel=ConselhoFederaldePsicologia>. Acesso em: 2 jun. 2021.

Holanda (1997) ainda destaca que os conselhos de psicologia desempenham importante papel na formação profissional dos psicólogos, dando destaque a quatro vertentes:

1. política;
2. de regulamentação;
3. de orientação e fiscalização; e
4. de formação e aperfeiçoamento do psicólogo.

A vertente **política** aproxima psicologia e política, atribuindo-lhe um caráter e um papel político. Assim, as discussões mais relevantes no âmbito dessa vertente abordam o papel social do psicólogo como agente transformador da realidade, cujo compromisso é zelar pela ética profissional e promover discussões que visem refletir acerca dessa ética. Quando esses aspectos são devidamente alcançados, a função social da psicologia também está devidamente cumprida.

Para Holanda (1997, p. 6),

> O que entendemos como a vertente política do Conselho diz respeito à mobilização e organização da categoria em torno de questões que sejam do seu interesse imediato e da sociedade em geral. Este aspecto é de extrema importância dado o fato de nossa formação não privilegiar esta inserção ética do profissional, estimulando um modelo de atuação individualista. Além disso, é imprescindível a criação de parcerias junto aos órgãos superiores do Poder Legislativo no sentido de implementação de lutas pela categoria e pelo social, além de uma aproximação com as instâncias governamentais referentes às áreas de Educação, Saúde e Trabalho, para que se possa efetivar programas de ação social devidamente embasados e respaldados pela categoria e pela ciência psicológica.

A vertente de **regulamentação** concerne ao papel exercido pelo legislador no exercício da profissão, tendo em vista a necessidade do cumprimento das legislações destinadas à área de psicologia, que envolvem tanto as regulamentações referentes aos conselhos de psicologia quanto aquelas destinadas ao código de ética da profissão.

A vertente de **orientação e fiscalização** aborda as prerrogativas dos conselhos de psicologia, destacando que as duas atividades que nomeiam essa vertente, ou seja, a orientação e a fiscalização, são indissociáveis. Contudo, quando for necessário privilegiar uma em detrimento da outra, a preferência é pela orientação, visto seu caráter profilático e informativo (Holanda, 1997). Entretanto, a fiscalização não tem a sua importância diminuída, pois, sem ela, ficam à mercê os cumprimentos normativos e o próprio exercício da profissão.

A vertente de **formação e aperfeiçoamento** do psicólogo é de máxima importância, já que determinante na carreira do profissional de psicologia, ou seja, diz respeito, mais especificamente, a como a profissão será exercida. Ainda que a formação e o exercício profissional sejam momentos distintos da carreira dos psicólogos, não podem ser vistos de forma totalmente segregada, afinal, o bom profissional é aquele que está sempre procurando aperfeiçoar suas habilidades por meio de especializações, cursos, participações em congressos e palestras. Nesse sentido, Holanda (1997, p. 7) destaca:

> Se os Conselhos não se comprometerem com um acompanhamento da Formação do futuro psicólogo, eles estarão se eximindo de uma responsabilidade ética e mantendo o *status* de pensamento dicotomizado, arcaico e contraproducente, tendo em vista que se deve trabalhar no sentido de uma profilaxia de dificuldades e não no âmbito do "conserto" ou de um papel "policialesco".

A ideia reside no fato que o comprometimento dos Conselhos não deve ser apoiado apenas a partir do momento em que o estudante sai do âmbito acadêmico e adentra o terreno profissional. Pensar desta forma é não refletir na continuidade do processo de formação, nem considerar a relação Formação/Profissão, que é o objetivo do próprio processo.

Por isso, a ideia de que a formação profissional e o exercício profissional estão separados é errônea, afinal, a formação deve abranger uma perspectiva mais ampla, em que se faz necessário o acompanhamento do futuro profissional da psicologia, sendo essa uma das razões que chama a atenção dos conselhos de psicologia.

Ainda no que se refere à formação dos psicólogos, a Lei n. 4.119, de 27 de agosto de 1962 (Brasil, 1962), dispõe sobre os cursos de formação em Psicologia e regulamenta a profissão de psicólogo. Assim, os parágrafos 1º e 2º do art. 13 determinam:

§ 1º Constitui função privativa do Psicólogo e utilização de métodos e técnicas psicológicas com os seguintes objetivos:

a) diagnóstico psicológico;

b) orientação e seleção profissional;

c) orientação psicopedagógica;

d) solução de problemas de ajustamento.

§ 2º É da competência do Psicólogo a colaboração em assuntos psicológicos ligados a outras ciências. (Brasil, 1962)

Dessa forma, aliando os conhecimentos adquiridos acerca dos conselhos de psicologia e suas atribuições, bem como as funções privativas exercidas pelos psicólogos e a necessidade de que conjuguem assuntos dessa ciência e de outras áreas do saber, é importante, mais uma vez, reiterar o elo que pode ser firmado entre a psicologia e a religião, ainda que a religiosidade esteja fora do campo científico, o que não impede que seja adotada como objeto de estudo.

Visto que os conselhos de psicologia atuam na realidade e têm de lidar com lutas sociais da classe, é imprescindível que mantenham um caráter fundamentado em preceitos éticos, demonstrando o compromisso com o profissional e o melhoramento das atividades prestadas no meio acadêmico ou clínico. Por isso, tais conselhos devem estar atentos às polêmicas e às discussões presentes na área de sua competência, de forma a aplicar as prerrogativas da Lei n. 5.766/1971, que, como já vimos, fixa as atribuições referentes a esses conselhos.

Exercícios resolvidos

2. Os conselhos de psicologia presentes nos ordenamentos jurídicos são entendidos como a máxima representação dos profissionais de psicologia, pois são responsáveis por fixar regulamentos que orientem o desempenho profissional dos psicólogos, principalmente no tocante a assuntos polêmicos ou que geram grandes conflitos. Os conselhos de psicologia brasileiros são subdivididos em CFP e CRPs. Quanto ao CFP, assinale a alternativa **incorreta** sobre suas atribuições, em conformidade com a Lei n. 5.766/1971 (Brasil, 1971):
   A] É atribuição do CFP: expedir as resoluções necessárias ao cumprimento das leis em vigor e das que venham modificar as atribuições e a competência dos profissionais de psicologia.
   B] É atribuição do CFP: definir nos termos legais o limite de competência do exercício profissional, conforme os cursos realizados ou as provas de especialização prestadas em escolas ou institutos profissionais reconhecidos.
   C] É atribuição do CFP: expedir resoluções e instruções necessárias ao bom funcionamento do Conselho Federal e dos

Conselhos Regionais, inclusive no que tange ao procedimento eleitoral respectivo.

D] É atribuição do CFP: zelar pela observância do código de ética profissional impondo sansões pela sua violação, bem como funcionar como tribunal regional de ética profissional.

Gabarito: (d). As alternativas (a), (b) e (c) de fato apresentam atribuições pertencentes ao CFP, com base nas disposições do art. 6º da Lei n. 5.766/1971. Por sua vez, a alternativa (d) apresenta duas atribuições pertencentes aos CRPs, conforme art. 9º da mencionada legislação.

A religiosidade é uma temática que vem ganhando cada vez mais espaço no debate público em razão de sua importância e de seus impactos na vida e no bem-estar das pessoas. Assim, o posicionamento dos conselhos de psicologia acerca do assunto visa promover e divulgar preceitos éticos e legais, demonstrando para a população em geral como os psicólogos têm lidado (ou como devem lidar) com o tema da espiritualidade/religiosidade.

No ano de 2013, os conselhos de psicologia posicionaram-se sobre a relação psicologia, religião e espiritualidade, indicando a necessidade de se discutir esse assunto, visto o momento pelo qual o Brasil e a psicologia brasileira passavam, destacando, sobretudo, os princípios normativos do art. 5º da Constituição Federal (CF) de 1988, que menciona as questões de laicidade do Estado e liberdade religiosa.

> XIV. [...] somos terminantemente contrários a qualquer tentativa fundamentalista de imposição de dogma religioso, seja ele qual for, sobre o Estado, a Ciência e a profissão e, a qualquer forma de conhecimento que procure naturalizar a desigualdade social, a pobreza ou o cerceamento dos direitos constitucionais. Por isso, não pouparemos esforços para garantir o estado de direito e as

instituições democráticas, compreendendo ser essa a condição *sine qua non* para a manutenção e o desenvolvimento da saúde psicossocial da população brasileira, base para um processo saudável de subjetivação. (CFP, 2013, p. 2)

Isso não implica assumir que o mencionado sistema não reconhece a importância da espiritualidade e da religiosidade, mas o contrário, já que nesse mesmo posicionamento é afirmada a importância da religião, da religiosidade e da espiritualidade na constituição de subjetividades. Dessa forma, a religião e a psicologia atuam em um campo comum, já que ambas estão vinculadas às subjetividades humanas. Por essa razão, é possível e profícuo o diálogo entre esses conhecimentos, mas esse elo deve ser estabelecido com cautela para que os conhecimentos dogmáticos da religião e os conhecimentos científicos da psicologia não sejam confundidos.

5.3 Laicidade: conceito e aspectos gerais

Grosso modo, a laicidade corresponde ao preceito básico de que o poder político e/ou administrativo, geralmente de um país, deve ser exercido pelo Estado, e não por igrejas ou ideais relativos à religiosidade. Em conformidade com Silva (2019, p. 279-280):

> A laicidade do Estado, em sua acepção corrente, compreende o processo de separação institucional e autonomia do Estado com relação às religiões. Sua aplicação ganha relevo no ocidente a partir do século XIX, especialmente como princípio basilar aos sistemas políticos, em que se acentuou a tendência à independência e à neutralidade do Estado em relação às crenças. Contudo, a noção de laicidade não se restringe a uma norma legal que busca apenas promover a separação institucional entre ditas esferas.

Sua função também consiste em reconhecer e garantir de modo equânime a legitimidade das distintas clivagens de pensamento e crenças presentes na sociedade. Sendo assim, seu propósito também consiste em assegurar que a pluralidade de ideias seja preservada, de modo a impedir que determinadas concepções de bem se imponham a distintos grupos que não partilham da mesma concepção.

A laicidade do Estado é um conceito de natureza normativa que tem como base as dimensões institucionais e valorativas, sendo ambas responsáveis por assegurar a liberdade e a igualdade dos indivíduos quanto a seus pensamentos e crenças, exceto em caso de discriminação (Silva, 2019). Com base nos ensinamentos de Ugarte (2013), Santos (2019) subdivide a dimensão institucional em quatro normas:

> neutralidade negativa, que institui a ausência de intervenção do Estado à livre expressão da religiosidade e das convicções dos indivíduos ou grupos, com vistas a garantir o direito à liberdade religiosa; neutralidade positiva, que se caracteriza pela concepção de isonomia do Estado frente às religiões, impedindo-o de outorgar qualquer auxílio, subsídio ou influência, direta ou indireta, em favor das instituições ou de suas organizações, tampouco a uma ou algumas delas; liberdade de apostasia, que determina a igual dignidade jurídica do ateísmo; neutralidade das leis civis, que estabelece a separação entre as leis que regem o conjunto da sociedade das normas morais religiosas. (Silva, 2019, p. 281)

A laicidade está relacionada à noção de Estado laico, cujo sentido surgiu em conjunto com o republicanismo e suas intenções principais de garantir a igualdade para todos os cidadãos, já que, quando o Estado adota uma religião específica, os seguidores das demais crenças acabam sendo prejudicados, ficando à margem das práticas e dos costumes do país em questão. Em algumas situações, esse lugar se torna até mesmo hostil, uma vez que marcado por critérios diferenciadores e promotores da desigualdade social.

Além do republicanismo, outras experiências de contato entre o Estado e a religião, cujo elo motivou inúmeras guerras e conflitos, mostraram a necessidade de segregar as decisões estatais e os dogmas religiosos, já que estes não podem servir de justificativa ou motivo para decisões e ações governamentais, visto o risco de se aumentar a desigualdade social.

Durante o Antigo Regime, a maior parte dos monarcas abandonou a junção entre Estado e Igreja, pois, até esse período, as decisões a serem tomadas pela monarquia necessitavam da aprovação e da benção divina para que fossem justificadas e alcançassem sucesso. Assim, o interesse da Igreja ocupava sempre o primeiro lugar, além de que a Igreja influenciava não somente as tomadas de decisões, mas também decidia quanto ao apoio fornecido aos países que seguissem seus "conselhos"; caso contrário, essas monarquias perdiam os benefícios oferecidos pelo clero.

O laicismo, que já vinha sendo gestado em solo francês, ganhou ainda mais força com a Revolução Francesa, por isso a França é reconhecida como grande impulsionadora da laicidade, uma vez que tomou grandes medidas para garantir a separação entre Igreja e Estado durante esse período, como nacionalizar os bens da Igreja, a fim de que ela fosse tutelada pelo Estado; ocupar-se do sistema de ensino público, garantindo sua laicidade, entre em outras medidas (Silva, 2017).

A partir da ascensão do republicanismo e da dissolução do poder estatal no Parlamento, a força da religião foi diminuída, abrindo espaço para os interesses do povo. Assim, as competências atribuídas aos agentes públicos e ao Estado adotaram uma nova perspectiva, voltando-se cada vez mais a questões sociais, econômicas e políticas e cada vez menos aos interesses da religião, embora, é preciso dizer, isso não atesta nenhum tipo de desimportância da religião para a humanidade ou seus adeptos, somente limita sua intervenção nas tomadas de decisões do Estado.

A relação entre Estado e religião configura diferentes tipos de Estados, isto é, alguns apresentam características e formas de funcionamentos específicos, a depender do relacionamento que mantêm com a instituição religiosa, que pode ser:

1. confessional;
2. teocrático;
3. ateu; ou
4. laico.

O **Estado confessional** adota uma religião como oficial, mas ainda assim essa religião não tem poder irrestrito e absoluto nem está ligada de forma intensa às decisões governamentais e políticas do Estado. No entanto, denominar uma religião específica como fundamental pode promover a exclusão de outras religiões e fomentar desigualdades e arbitrariedades. Um exemplo de Estado confessional é o Reino Unido, em que sua maior nação, a Inglaterra, adota o cristianismo anglicano como religião oficial. Outro exemplo é a Dinamarca, onde o cristianismo luterano é a religião oficial. Contudo, nesses países são permitidas as manifestações de outras religiões, prova disso é a quantidade de imigrantes muçulmanos em seus territórios.

O **Estado teocrático** também estipula uma religião como oficial, mas, ao contrário do confessional, a religião interfere de forma direta nas decisões governamentais, já que os sistemas legislativos e judiciários estão sob a tutela da religião oficial. Dessa forma, as decisões do governo e as decisões políticas são tomadas em conformidade com os dogmas da religião em questão. Por mais que esse tipo de Estado não seja predominante na atualidade, ainda existem países que adotam esse modelo, como o Irã, regulado pelas leis islâmicas, e o Vaticano, que permanece sob o domínio dos dogmas da Igreja Católica.

Já o **Estado ateu**, como o próprio nome sugere, entende que a religião não é responsável por oferecer práticas, dogmas ou regras capazes de fortalecer a ideologia e as posturas que precisam ser elaboradas e reiteradas pelo Estado. Durante o século XX, os países socialistas adotavam essa perspectiva, com destaque para a China, a Coreia do Norte e a antiga União Soviética; contudo, avanços e mudanças de perspectiva sobre a religião, bem como sobre sua presença e importância nas relações sociais, fizeram com que essas três grandes potências passassem a ser países laicos, ou seja, que não adotam uma religião oficial, mas garantem a liberdade religiosa para seus cidadãos.

Por fim, o **Estado laico** pode ser compreendido como aquele que não adota religião oficial, ou seja, não interfere nos assuntos religiosos, exceto quanto esta toca mais diretamente questões jurídicas. Logo, o Estado laico não sofre influências de nenhum viés unilateral religioso, por isso é tido como independente de qualquer religião. Vale ressaltar que o fato de o Estado laico não assumir uma religião como oficial não implica em proibição de práticas religiosas, na verdade, esse tipo de Estado se opõe a essa conduta, já que protege os cidadãos para que todos possam manifestar suas crenças e seus cultos de forma livre, observando o princípio de que a religião está atrelada à vida privada de cada indivíduo e não pode ser utilizada como parâmetro para que os agentes e órgãos públicos exerçam seus deveres. Ainda, a laicidade do Estado não o torna ateu ou agnóstico, já que esses são tipos de Estado distintos, como visto há pouco. Dessa forma, a descrença religiosa deve ser tratada da mesma maneira que os diversos tipos de crenças existentes.

Diferentemente do posicionamento adotado por Estados teocráticos, o Estado laico não permite que as ações governamentais ou estatais sejam justificadas sob o viés religioso, não sendo permitido que dogmas de determinada religião regulamente leis ou motive a tomada de decisões, uma vez que são de competência dos Poderes Executivo, Judiciário ou Legislativo. Assim, as normas presentes no ordenamento jurídico de um Estado Laico não podem fornecer garantias de hegemonia a um grupo religioso exclusivo, o que significa que todas as religiões, independentemente de seus dogmas, devem ser respeitadas e ao cidadão tem de ser garantida a liberdade de culto e de crença.

Para que o Estado laico se efetive, é necessário que a constituição do país e suas leis estabeleçam normas que garantam o culto e o respeito à diversidade religiosa, prevendo formas de punição e repreensão àqueles que violem tal direito. Assim, as normas têm de proteger as pessoas e suas escolhas religiosas, bem como os descrentes, ateus ou agnósticos, visto que estes têm assegurados os mesmos direitos. Em outras palavras, o Estado laico não se associa a uma religião oficial, mas deve proteger e respeitar todas elas. Todavia, a proteção não pode ser confundida com o favorecimento de uma em detrimento de outra, pois, nessa hipótese, o caráter da laicidade é violado, o que pode resultar em conflitos civis e religiosos. Logo, não cabe ao Estado demonstrar preferências, mas agir conforme os termos legais.

Exercícios resolvidos

3. A laicidade do Estado está vinculada à natureza normativa, cujas dimensões institucionais e valorativas asseguram a liberdade e a igualdade entre os indivíduos, de acordo com seus pensamentos e crenças, exceto em caso de discriminação. Nesse sentido, assinale a alternativa correta acerca dos aspectos gerais atinentes ao Estado laico:

A] A laicidade do Estado está vinculada à dimensão institucional, de acordo com suas quatro dimensões, quais sejam: (1) neutralidade negativa; (2) neutralidade positiva; (3) liberdade de apostasia; e (4) neutralidade das leis civis.
B] A laicidade relativa ao Estado laico foi desenvolvida no período monárquico, cujas principais intenções eram garantir a igualdade para todos os cidadãos.
C] A principal característica da laicidade é a não assunção de qualquer religião oficial, o que significa que o Estado laico é também ateu.
D] A laicidade do Estado implica adotar uma religião como oficial, mas sem que interfira de forma direta nas decisões governamentais.

Gabarito: (a). Em regra, a maior parte das monarquias normalizavam a intervenção religiosa nas decisões governamentais. Com o advento do republicanismo, a religião e o Estado se desvincularam. O Estado laico não apresenta religião oficial, logo, não é permitido que alguma orientação religiosa interfira nas tomadas de decisão (diferentemente do que ocorre no Estado teocrático), o que não implica uma postura ateia, visto que seu dever é respeitar todas as crenças e "descrenças" religiosas, sem assumir preferência por uma ou outra.

Salientamos, ainda, que o Estado tem direito de interferir nos ritos religiosos quando estes ultrapassam alguma medida legal – por exemplo, em caso de sacrifícios envolvendo seres humanos –, afinal, outros direitos fundamentais, como a vida e a dignidade da pessoa, são feridos em situações como essa. Logo, a religião também é regulada por lei, devendo obedecê-la, ainda que sua prática esteja, muitas vezes, ligada ao extrarracional.

5.4 Laicidade no Brasil

O Brasil é um dos maiores países católicos do mundo; mais de 50% de sua população segue os dogmas do catolicismo. Todavia, o país é um Estado laico, adotando, assim, uma postura neutra quanto à religiosidade, pois, ao não assumir nenhuma religião como oficial, busca garantir, por meio da imparcialidade, a liberdade de crença dos cidadãos, repreendendo e punindo atos de discriminação religiosa. Nem sempre, porém, foi assim. Durante séculos a Igreja Católica interferiu na política do Estado, que era regida em conformidade com os dogmas do catolicismo. Nesse momento, foram efetuadas grandes perseguições religiosas e cometidas arbitrariedades em razão de opções religiosas, fator que tornava a desigualdade, já marcante no território brasileiro, ainda maior.

Nos períodos colonial e imperial, o catolicismo era a única religião legalmente aceita, razão por que não é difícil divisar a inexistência de liberdade religiosa durante esse período – o qual, lembrando, durou cerca de 400 anos. Mariano (2001, p. 127-128) comenta que

> o Estado regulou com mão de ferro o campo religioso: estabeleceu o catolicismo como religião oficial, concedeu-lhe o monopólio religioso, subvencionou-o, reprimiu as crenças e práticas religiosas de índios e escravos negros e impediu a entrada das religiões concorrentes, sobretudo a protestante, e seu livre exercício país.

Ainda que a Constituição Imperial de 1824 tenha demonstrado certa preocupação com a promoção da liberdade religiosa de cultos que não pertencessem ao catolicismo, principalmente quanto ao protestantismo, crença igualmente cristã, apenas na primeira Constituição Republicana, em 1891, foi oficialmente segregado Igreja e Estado, causando uma ruptura no monopólio da Igreja

Católica e garantindo-se, embora parcialmente, a liberdade religiosa para todos os cultos. Segundo Oro (2011, p. 225),

> Isto não significou, entretanto, a retirada de certos privilégios da Igreja Católica. Assim, a pressão católica na Assembleia Constituinte de 1890 conseguiu impedir a aprovação da lei da mão-morta, pela qual se pretendia esbulhar os bens materiais da Igreja. Igualmente, as ordens e congregações religiosas continuaram atuando, algumas subvenções ainda permaneceram e em certas localidades do território nacional a obtenção de documentos continuou a passar através dos religiosos.

Só a partir de 1988, com a implementação da atual Constituição da República, é que o Brasil foi oficialmente declarado laico. Ainda que o catolicismo fosse (e seja) predominante em território brasileiro, isso não mais interferiu na laicidade do país, ao contrário, a necessidade de defesa à diversidade religiosa também foi um elemento responsável por ampliar essa característica da Lei Maior. Uma das críticas destinadas ao texto da CF de 1988 faz referência ao fato de Deus ser citado em seu preâmbulo – porção textual, porém, que não tem valor normativo. Vejamos o que estabelece os incisos I e II do art. 19 da CF:

> Art. 19. É vedado à União, aos Estados, ao Distrito Federal e aos Municípios:
>
> I – estabelecer cultos religiosos ou igrejas, subvencioná-los, embaraçar-lhes o funcionamento ou manter com eles ou seus representantes relações de dependência ou aliança, ressalvada, na forma da lei, a colaboração de interesse público;
>
> [...]
>
> III – criar distinções entre brasileiros ou preferências entre si. (Brasil, 1988)

Um dos artigos de maior relevância para o ordenamento jurídico brasileiro é o art. 5º da CF (conforme já citamos no Capítulo 3), que enfatiza a necessidade de que a liberdade de religião e crença seja garantida, bem como que a discriminação, sob qualquer forma, não seja permitida.

Nesse sentido, em 2012, o Supremo Tribunal Federal (STF), em razão das afirmações feitas pelo ministro Marco Aurélio Mello, ao apresentar voto favorável acerca do aborto de feto anencéfalo, determinou que dogmas relativos à fé não podem determinar o conteúdo dos atos do Estado, tendo em vista a manutenção da laicidade. O ministro ainda enfatizou que dogmas religiosos ou suas concepções morais não podem guiar nem influenciar as decisões a serem tomadas em nível federal.

EXEMPLIFICANDO

Muitas são as polêmicas relativas à laicidade no Brasil, pois, ainda que o Estado brasileiro seja oficialmente laico, algumas de suas práticas são questionadas. Um dos debates é quanto à presença de crucifixos em repartições públicas; críticos entendem que essa prática vai de encontro aos princípios de um Estado laico, já que o fato de as instituições públicas apresentarem símbolos de uma religião específica – o cristianismo – denota sua preferência em detrimento das outras crenças ou até mesmo da ausência de crenças. Em razão disso, alguns estados decidiram pela retirada dos crucifixos dos prédios públicos, porém, posteriormente, após decisão do Conselho Nacional de Justiça (CNJ), ficou definido que a presença dos crucifixos em tais repartições não afeta outras crenças e não viola as intenções do Estado laico, pois não induz nem obriga que os cidadãos adotem determinado tipo de religião. Entretanto, essa discussão ainda gera grandes controvérsias.

Nesta altura, você pode estar se perguntando: Como os conselhos de psicologia, que regulam essa profissão no Brasil, posicionam-se a respeito à laicidade? Vejamos:

> IV. Afirmar que o Estado é laico não implica alegar que o povo deva ser desprovido de espiritualidade e da prática religiosa. No Brasil, como se sabe, o povo experimenta forte sentimento de religiosidade, expresso por meio de múltiplas formas de adesão religiosa, dadas as suas raízes indígenas, europeias e africanas, a cujas determinações culturais e religiosas se associaram outras, advindas do continente asiático. São exatamente os princípios constitucionalmente assegurados que permitiram a ampliação das denominações religiosas, hoje presentes na cultura nacional, e também concederam aos cidadãos brasileiros o direito de declararem-se não adeptos de qualquer religião. Afirma-se, portanto, e, antes de tudo, o "direito à liberdade de consciência e de crença". (CFP, 2013, p. 1)

Assim, a laicidade do Estado é tomada como um princípio pétreo, que possui base sólida firmada de maneira segura e inquestionável na CF de 1988. Em resumo, a laicidade no Brasil garante que todos os cidadãos brasileiros tenham o direito de adotar uma religião, mudar de religião ou optar por não ser adepto de nenhuma crença específica. É importante ressaltar, porém, que essa liberdade não é absoluta, pois, assim como existem direitos, há deveres a cumprir, isto é, ainda que as religiões presentes em território brasileiro tenham seus dogmas específicos, todos os cidadãos, religiosos e não religiosos, estão submetidos às leis do ordenamento jurídico do país e, por isso, têm a obrigação de cumprir e observar o estabelecido pelas mencionadas normas.

Geradores de grandes polêmicas, os temas da laicidade e da religiosidade fomentam diversos direitos conquistados com a promulgação da CF de 1988, afinal, é por meio dela que o equilíbrio e a manutenção dos direitos e deveres se estabelecem, o que garante a imparcialidade entre Estado e religião, à medida que a liberdade de crença é facultada a todos os cidadãos brasileiros, garantia imprescindível sobretudo em um país marcado pela diversidade.

5.5 Aplicação da psicologia religiosa

Conforme vimos, a espiritualidade está presente em diversas fases da vida humana e em diferentes épocas, comportando-se como um componente essencial no desenvolvimento das ações em meio sociocultural. Ela também interfere, muitas vezes positivamente, na subjetividade do indivíduo, suas crenças, seus valores, seu modo de sentir e de se comportar. Assim, a religião tem sua importância nos atendimentos clínicos de psicologia, pois integra a psique dos pacientes que podem buscar auxílio profissional justamente por causa de problemas ou dúvidas religiosas.

Ainda que a psicologia não sofra interferências diretas da religião, é fato que essas duas áreas podem se relacionar em diversos aspectos, embora, é sabido, não se misturem. Segundo Henning e Moré (2009), a psicologia, depois de estabelecido seu paradigma científico, pôde dedicar estudos, metodologicamente orientados, à área da psicologia da religião. Os autores destacam que a maior parte das discussões teóricas e das aplicações práticas da psicologia da religião está direcionada para questões que envolvem a saúde mental e a satisfação do trabalhador, tendo em vista os impactos que esses assuntos podem promover nos comportamentos dos indivíduos. Henning e Moré (2009), ao apresentar a influência da religiosidade na psicologia clínica, defendem a assunção de uma relação direta entre ambas, cujo conhecimento revela um potencial de influência benéfica da religiosidade na saúde, o que torna possível a aplicação da espiritualidade/religiosidade nas práticas clínicas da psicologia.

É ainda importante relembrar que a psicologia da religião não tem como objeto de estudo a religião em si, mas os comportamentos religiosos atrelados a ela, em seus aspectos cognitivos e afetivos, sob o ponto de vista de teorias das áreas de psicologia, por isso fazem uso de princípios e métodos desse campo de estudo.

Perguntas & respostas

Considerando-se que a psicologia da religião e seus métodos se direcionam ao estudo dos comportamentos religiosos, como definir *comportamento religioso*?

- Os comportamentos religiosos são quaisquer atitudes, individuais ou coletivas, que manifestem algum tipo de relação ou de referência com os aspectos específicos do campo divino.

Paiva (2013) determina, ainda, que as formas religiosas são históricas, razão por que a aplicação da religiosidade por meio da psicologia precisa considerar tais fatores, pois só assim as modalidades religiosas podem apreender seu sentido. É igualmente necessário que a psicologia esteja atenta à forma com que a religião se vincula à cultura e às demais disciplinas que relacionam, de alguma maneira, religiosidade e psicologia, tendo em vista a interdisciplinaridade vinculada a essa temática, cujo núcleo interage com as áreas biológicas, fisiológicas, sociais, antropológicas etc., a fim de explicar fenômenos do comportamento humano religioso.

A aplicação da psicologia da religião também exige um entendimento das teorias contemporâneas referentes a área, que, de acordo com Paiva (2013), são sete:

1. Psicologia narrativa.
2. Teoria da atribuição.
3. Teoria das representações sociais.

4. Religião como apego.
5. Psicologia cultural da religião.
6. Psicologia evolucionária.
7. Perspectivas contemporâneas da psicanálise.

A **psicologia narrativa** é aquela por meio da qual as pessoas buscam o sentido da vida nas próprias experiências. Tal nomenclatura é evidente, visto que se baseia na narração das situações vividas, bem como em ações e comportamentos efetuados pelo sujeito. O uso dessa teoria no âmbito da psicologia da religião também envolve narrativas religiosas, seja qual for a tradição, averiguando-se a maneira de as pessoas interagirem com o divino e consigo mesmas (Dias, 2017).

A **teoria da atribuição** está vinculada a uma unidade cognitiva e sua capacidade de estabelecer relações de causa e efeito entre os fenômenos percebidos. Sob a ótica da psicologia da religião, autores como Spilka, Shaver e Kirkpatrick desenvolveram os principais estudos sobre esse tema, cuja teoria forneceu diversas explicações e reforçou sentidos e conceitos importantes para a área (Dias, 2017).

A **teoria das representações sociais**, proposta por Serge Moscovici, destina-se ao entendimento sobre valores, ideias e práticas que orientam as pessoas acerca de seu mundo social e material, possibilitando criar, por meio da convenção e de sua própria história individual, uma comunicação efetiva entre diferentes pessoas e pontos de vista. É por meio dessa teoria que as representações sociais tornam o desconhecido em conhecido, retirando a estranheza daquilo que parece peculiar e de difícil entendimento (Dias, 2017). Nesse sentido, segundo Dias (2017, p. 112):

> No processo de ancoragem, novos conteúdos são assimilados em parte aos já conhecidos; no processo de objetivação, conteúdos abstratos convertem-se em algo concreto e sensível: ícones, imagens, posições corporais. A religião é um fenômeno psicossocial

compartilhado por pessoas e grupos de vários tamanhos. Se valores e doutrinas às vezes apresentam alto grau de abstração e elaboração teológica, a religião vivida é concreta, imagética, icônica, ritual.

Já a **religião como apego** foi de suma importância para a formação de um elo com a psicologia clínica, em um momento que não se tinha nenhum tipo de referência no campo da psicologia da religião. Com base nos estudos de Kirkpatrick, foi firmado um elo entre a teoria da religião como apego e a psicologia da religião; a partir de então, as pessoas passaram a ter uma relação de apego com a divindade e questionar a presença ou a ausência de sensibilidade (Dias, 2017).

A **teoria da psicologia cultural da religião** aborda a relação entre psicologia e religião a partir da averiguação dos impactos desta na interação social, na linguagem, nos costumes e na moral em geral. Afinal, a cultura é cultivada por comportamentos humanos. Para Dias (2017, p. 113),

> a Psicologia Cultural não pretende encontrar o universal. Em sua visão, o comportamento está tão imbricado na cultura que esta é levada a entendê-lo como algo singular. O que mais distingue essa perspectiva de outras abordagens, inclusive a intercultural, é a relação direta entre cultura e comportamento: a Psicologia Cultural considera cultura o próprio psiquismo em seu funcionamento concreto. A Psicologia Cultural tende a ser um empenho interdisciplinar, com a colaboração da Antropologia, da Sociologia, da Linguística e da História.

A **psicologia evolucionária**, também conhecida como *psicologia cognitiva*, procura respostas para o surgimento das questões culturais. Assim, sob a ótica do comportamento religioso, busca evidências acerca de símbolos, mitos, tradições, práticas e ritos religiosos. Essa teoria visa não só compreender as questões relativas à cultura, mas também seu surgimento, por isso volta seu olhar às questões pré-culturais, cerebrais e outras que possam dar mostras do comportamento cultural. Quanto a sua leitura pela psicologia da religião, Dias (2017, p. 113) menciona:

> A Psicologia Evolucionária da Religião se interessa pelas condições biológicas anteriores à cultura, porém não exclui a cultura na determinação específica dos comportamentos culturais, entre os quais se contam, por exemplo, a arte, a religião e a ciência. Admite esta perspectiva a complementaridade das visões biológicas e cultural.

Por fim, as **perspectivas contemporâneas da psicanálise**, cujos principais estudos foram realizados por Winnicott, destina grande parte de seus esforços para as questões relativas à "ilusão" e sua relação com objetos de desejo. Com base nessa perspectiva teórica, diversos outros estudos foram feitos, sobretudo por estudiosos que se interessavam pelo comportamento religioso.

Assim, percebe-se, ao longo do tempo, o crescente interesse pela psicologia da religião e diversas são as abordagens elaboradas para dar conta dessa área, razão por que os estudiosos com frequência destacam a solidez e o avanço cada vez maior desse campo do saber, já que a compreensão acerca da importância da religião é, como se pôde constatar em nossa discussão, de altíssima relevância e amplo enfoque.

Síntese

Neste capítulo, concluímos que:
- A conversão religiosa é uma temática complexa que pode ser analisada sob a ótica de diversas áreas, como filosofia, sociologia, antropologia etc.
- Existem dois tipos de conversão religiosa: volitivo e renúncia de si. O tipo volitivo é marcado pela voluntariedade e pela

- consciência do indivíduo; já a renúncia de si implica inconsciência, sendo decorrente de uma ação involuntária do indivíduo.
- A Lei n. 5.766/1971 criou o Conselho Federal e os Conselhos Regionais de Psicologia (CFP e CRPs, respectivamente), estabelecendo ainda a maneira como ambos devem ser formados e suas respectivas atribuições. O CFP tem competências mais amplas e sua jurisdição abarca todo o território nacional. Os CRPs atuam em âmbito estadual, de acordo com sua região.
- A relação entre religião e Estado pode ser de quatro tipos: (1) Estado confessional; (2) Estado teocrático; (3) Estado ateu; e (4) Estado laico.
- O Brasil é um Estado laico, levando em consideração as disposições presentes na Constituição Federal de 1988 e em outras normas infraconstitucionais.
- A psicologia da religião estuda os comportamentos religiosos; para tanto, faz uso de métodos e princípios científicos da psicologia.
- A aplicação da psicologia da religião deve ponderar sobre aspectos históricos, culturais e sociais relativos à religião, devendo se ater, ainda, ao caráter interdisciplinar da psicologia, visto seu profícuo relacionamento com outras áreas do saber, a fim de justificar sua atuação e embasar pesquisas sobre o comportamento humano.
- Existem sete teorias contemporâneas da psicologia da religião, sendo elas: (1) psicologia narrativa; (2) teoria da atribuição; (3) teoria das representações sociais; (4) religião como apego; (5) psicologia cultural da religião; (6) psicologia evolucionária; e (7) perspectivas contemporâneas da psicanálise.

Estudo de caso

Texto introdutório

Dois amigos estão conversando sobre a importância e a presença da religião em um Estado laico. Tal situação deve ser analisada com base nos tipos de Estados discutidos no livro, considerando-se, para tanto, as normas do ordenamento jurídico brasileiro.

Texto do caso

Joana está no sexto período do curso de Psicologia e considera a religião um elemento importante para a vida humana. Além disso, compreende que, a depender da maneira que seja utilizada, a religião é uma ferramenta que pode se destinar ao tratamento de seus pacientes; afinal, a união entre psicologia e religião, pelo viés científico e ético, é capaz de proporcionar benefícios para a saúde mental e a qualidade de vida dos indivíduos que buscam o atendimento psicológico.

Pedro está no oitavo período do curso de Direito e, apesar de não ter amplo conhecimento sobre a área da psicologia ou sobre a implicação da religião nos comportamentos humanos, conhece as disposições, concernentes à religião, da CF de 1988, bem como outras normas infraconstitucionais que tratam sobre o tema.

Em uma conversa entre os dois amigos, surgiram discussões abordando o fato de o Brasil ser um país laico, temática importante tanto para a psicologia da religião, área de interesse de Joana, quanto para o direito, já que muitas normas garantem o livre exercício religioso. Durante o diálogo, Pedro afirma que o Brasil é um país laico, Joana, porém, discorda porque, já no preâmbulo da CF, há menção a Deus, o que a faz acreditar que o Brasil deveria ser reconhecido como um Estado Confessional.

Reflita sobre a conversa entre Pedro e Joana tendo como base os conhecimentos adquiridos acerca do tema laicidade. Apresente seu posicionamento quanto à opinião de Joana e à afirmação de

Pedro, indicando quem está correto e os motivos que tornam o posicionamento contrário incorreto tendo em vista a realidade brasileira.

Resolução

O posicionamento de Pedro está correto, visto que o Brasil é um país laico; a dúvida de Joana, porém, não é menos relevante, ainda que incorreta, já que, de fato, no preâmbulo da CF consta:

> Nós, representantes do povo brasileiro, reunidos em Assembleia Nacional Constituinte para instituir um Estado Democrático, destinado a assegurar o exercício dos direitos sociais e individuais, a liberdade, a segurança, o bem-estar, o desenvolvimento, a igualdade e a justiça como valores supremos de uma sociedade fraterna, pluralista e sem preconceitos, fundada na harmonia social e comprometida, na ordem interna e internacional, com a solução pacífica das controvérsias, promulgamos, sob a proteção de Deus, a seguinte CONSTITUIÇÃO DA REPÚBLICA FEDERATIVA DO BRASIL. (Brasil, 1988, grifo nosso)

Porém, esse trecho não indica que a laicidade do Brasil é parcial ou viciada, tendo em vista que o preâmbulo não é dotado de caráter normativo.

Ao longo de nosso estudo, vimos os seguintes tipos de Estado: confessional, ateu, laico e teocrático. Como o Brasil não adota nenhuma religião como oficial, não corresponde a um Estado confessional, mas sim a um Estado laico, que tem como característica não interferir em assuntos religiosos, exceto em casos que ferem a Lei Maior. Assim, o Estado laico não sofre influências religiosas, por isso suas tomadas de decisão independem de qualquer religião. A natureza de um Estado laico não implica, por sua vez, a proibição de práticas religiosas; na verdade, esse tipo de Estado garante a liberdade de expressão religiosa de todos os cidadãos, independentemente de suas crenças e cultos. Cabe mencionar, por fim, que o fato de o Estado ser laico não significa a assunção de um ateísmo ou agnosticismo, já que correspondem a um tipo diferente de Estado, não podendo, portanto, ser confundidos, afinal, a laicidade protege e garante tratamento digno também para ateus e agnósticos.

Dica 1

O artigo indicado a seguir aborda a presença do princípio da laicidade na Constituição Federal:

SOUZA, L. V. de. O princípio da laicidade na Constituição Federal de 1988. **Justificando**, 14 fev. 2019. Disponível em: <https://www.justificando.com/2019/02/14/o-principio-da-laicidade-na-constituicao-federal-de-1988/>. Acesso em: 2 jun. 2021.

Dica 2

Embora a CF garanta o direito ao livre exercício da religião, independentemente da crença, ainda existem muitos casos de intolerância religiosa, em sua maior parte cometidos contra religiões com menor número de adeptos. Para que você se mantenha atualizado sobre o assunto, indicamos que leia o artigo a seguir:

PROFESSOR fala sobre aumento da perseguição contra minorias religiosas. **A Cidade On**, 7 jan. 2021. Disponível em: <https://www.acidadeon.com/saocarlos/cotidiano/cidades/NOT,0,0,1573143,professor-fala-sobre-aumento-de-perseguicao-contra-minorias-religiosas.aspx>. Acesso em: 2 jun. 2021.

Dica 3

O vídeo a seguir explora aspectos básicos e gerais acerca do Estado laico e o texto que o acompanha também apresenta algumas das principais características desse tipo de Estado:

SILVA, L. M. B. Estado laico: o que é? **Politize!** 5 jun. 2017. Disponível em: <https://www.politize.com.br/estado-laico-o-que-e/>. Acesso em: 2 jun. 2021.

RELIGIÃO E PSICOLOGIA NO COTIDIANO: CULTURA E SOCIEDADE

Conteúdos do capítulo:
- Neuropsicologia da religião.
- Psicologia social da religião.
- Religião e personalidade.
- Fenômenos religiosos contemporâneos e suas bases psicológicas.
- Xenoglossia, terror noturno, fenômenos de possessão e transe.

Após o estudo deste capítulo, você será capaz de:
1. conceituar e caracterizar a neuropsicologia da religião;
2. discutir acerca da psicologia social da religião;
3. estabelecer relações entre a religião e a personalidade humana;
4. indicar os fenômenos religiosos contemporâneos e as bases psicológicas a que eles se relacionam.

A religião e a psicologia são áreas do saber de suma importância para a vida humana e para a manutenção das relações presentes ao longo de toda a convivência, sendo esse fato imprescindível para o desenvolvimento humano. Assim, essas áreas se fazem presente em todas as fases e etapas da vida, bem como nas mais diversas épocas. É fato que a religião e a psicologia estão presentes no cotidiano e que promovem impactos nos aspectos culturais e sociais.

Ao longo do presente capítulo, iremos estudar a neuropsicologia da religião e a psicologia social da religião, sem deixar de lado a relação e as interações que podem ser firmadas entre religião e personalidade. Também estudaremos quais são os fenômenos religiosos contemporâneos e as bases psicológicas em que esses fenômenos se apoiam, dando destaque à xenoglossia, ao terror noturno, aos fenômenos de possessão e transe.

6.1 Neuropsicologia da religião: conceito e características principais

A neuropsicologia é uma área de interseção entre a neurologia e a psicologia, as quais abordam o cérebro humano, porém sob perspectivas distintas. A neurologia irá abordar o estudo detalhado do sistema nervoso à medida que a psicologia é direcionada para os processos psicológicos, na busca pela compreensão dos desdobramentos da mente humana.

A atuação individual do neurologista e do psicólogo é de conhecimento de grande parte da população, sendo necessário que os profissionais dessa área sejam formados em Medicina e em Psicologia, respectivamente, e busquem especializações que direcionem e permitam o desenvolvimento da sua atuação profissional nesses dois meios. A neuropsicologia, por reunir as temáticas destacadas anteriormente, é responsável por auxiliar os profissionais da neurologia, da psicologia e da psiquiatria na designação de diagnósticos mais precisos e tratamentos dotados de maior eficácia.

Segundo Carnier (2021), inicialmente, a neuropsicologia é o estudo das associações que envolvem as lesões cerebrais focais e os defeitos psicológicos, contudo, atualmente, essa área é vista sob uma perspectiva muito mais ampla, uma vez que as metodologias aplicadas a ela passaram por melhorias, fazendo com que a neuropsicologia, além de manter os objetivos anteriores, também passe a ser destinada ao entendimento do funcionamento da mente e do cérebro humano, bem como da vinculação que pode ser formada entre os aspectos físicos e objetivos e aqueles intangíveis e abstratos que, comumente, estão ligados aos comportamentos humanos.

A neuropsicologia é uma especialidade pertencente à ciência da psicologia, por isso destina a atenção ao estudo do cérebro, destacando como a atenção, a memória, o raciocínio, a capacidade de julgamento, o comportamento e as emoções podem afetar e influenciar as funções cognitivas. Por meio da neuropsicologia, é possível identificar alterações no comportamento e nas funções cognitivas da pessoa, separando casos em que os sintomas decorrem da idade ou de outras questões psicossociais (Landin, 2018).

Entre as funções da neuropsicologia, a principal está vinculada ao acompanhamento e ao tratamento dos distúrbios que atingem e afetam o funcionamento cerebral, tendo relação com aspectos cognitivos, emocionais e comportamentais vinculados à personalidade humana.

A Resolução n. 002, de 3 março de 2004, do Conselho Federal de Psicologia (CFP, 2004), reconhece a neuropsicologia como uma especialidade da psicologia, a fim de conceder e registrar os profissionais dessa área como especialistas nesse campo. Em conformidade com o art. 3 dessa resolução:

Art. 3º – A especialidade de Neuropsicologia fica instituída com a seguinte definição:

Atua no diagnóstico, no acompanhamento, no tratamento e na pesquisa da cognição, das emoções, da personalidade e do comportamento sob o enfoque da relação entre estes aspectos e o funcionamento cerebral. Utiliza-se para isso de conhecimentos teóricos angariados pelas neurociências e pela prática clínica, com metodologia estabelecida experimental ou clinicamente. Utiliza instrumentos especificamente padronizados para avaliação das funções neuropsicológicas envolvendo principalmente habilidades de atenção, percepção, linguagem, raciocínio, abstração, memória, aprendizagem, habilidades acadêmicas, processamento da informação, visuoconstrução, afeto, funções motoras e executa. Estabelece parâmetros para emissão de laudos com fins clínicos, jurídicos ou de perícia; complementa o diagnóstico na área do desenvolvimento e aprendizagem. (CFP, 2004)

Esse artigo ainda apresenta quais são os objetivos da neuropsicologia e da reabilitação neuropsicológica, dividindo-os em objetivos teóricos e objetivos práticos. Os objetivos teóricos são destinados à ampliação dos modelos já conhecidos e à criação de novas hipóteses acerca das interações cérebro-comportamentais. Tais objetivos voltam-se para indivíduos com ou sem transtornos e sequelas cerebrais cognitivas, utilizando, para tanto, modelos de pesquisa clínica e experimental, seja no meio do funcionamento normal, seja no meio patológico, cujas relações podem ser firmadas entre a psicologia, a neurociência, a medicina e a saúde como um todo. Os objetivos práticos, por sua vez, são responsáveis pelo levantamento de dados clínicos que tornem possível o diagnóstico e o estabelecimento dos tipos de intervenção, reabilitação particular e específica dos indivíduos e dos grupos de pacientes nas condições em que:

> a) ocorreram prejuízos ou modificações cognitivas ou comportamentais devido a eventos que atingiram primária ou secundariamente o sistema nervoso central; b) o potencial adaptativo não é suficiente para o manejo da vida prática, acadêmica, profissional, familiar ou social; ou c) foram geradas ou associadas a problemas bioquímicos ou elétricos do cérebro, decorrendo disto modificações ou prejuízos cognitivos, comportamentais ou afetivos. (CFP, 2004)

Ainda em conformidade com a Resolução n. 002/2004 do CFP, a neuropsicologia e a reabilitação não têm como preocupação apenas diagnosticar, mas efetuar as devidas e necessárias intervenções no paciente para que haja melhora de dificuldades e problemáticas enfrentadas por ele. Além disso, é indicado que a rede familiar esteja inserida na recuperação e na adaptação dos indivíduos de forma cooperativa, a fim de que a inserção ou a reinserção desses pacientes ocorra em comunidade – essa adaptação, tanto individual quanto familiar, acontece a longo prazo (CFP, 2004).

Também tratando sobre a neuropsicologia, o art. 3º da mencionada resolução traz que:

> Ainda no plano prático, fornece dados objetivos e formula hipóteses sobre o funcionamento cognitivo, atuando como auxiliar na tomada de decisões de profissionais de outras áreas, fornecendo dados que contribuam para as escolhas de tratamento medicamentoso e cirúrgico, excetuando-se as psicocirurgias, assim como em processos jurídicos nos quais estejam em questão o desempenho intelectual de indivíduos, a capacidade de julgamento e de memória. (CFP, 2004)

A neuropsicologia não é abordada apenas no âmbito legislativo e normativo, pois também existem posicionamentos doutrinários e acadêmicos sobre o tema. Dessa forma, ao discutir quais são os propósitos da neuropsicologia, Luria (1981, p. 4) determina que sua finalidade é: "Generalizar ideias modernas concernentes à base cerebral do funcionamento complexo da mente humana e discutir os sistemas do cérebro que participam na construção de percepção e ação, de fala e inteligência, de movimento e atividade consciente dirigida a metas".

Segundo Landin (2018), esse posicionamento corresponde ao início da vinculação da neuropsicologia como uma área científica, que surgiu no final do século XIX pela necessidade emergente de se efetuar avaliações em decorrência de lesões cerebrais e alterações no comportamento, no raciocínio, na memória e na linguagem dos soldados feridos na guerra. A partir desse momento, a compreensão de que o cérebro é capaz de influenciar nas funções cognitivas se tornou ainda mais forte, e o entendimento dessas funções cognitivas poderia trazer melhorias à sociedade.

Não é qualquer pessoa que pode ocupar a função de neuropsicólogo, já que essa é uma especialização atribuída ao curso de Psicologia. Então, em primeiro lugar, faz-se necessária a formação no curso de Psicologia; depois, é preciso que o psicólogo faça uma especialização de dois anos. O CFP também possibilita que o profissional requisite a habilitação após ter cinco anos de experiência comprovada nessa área ou após ter sido aprovado em concurso público de provas e títulos, mas, nessa hipótese, é necessário que o profissional já esteja inscrito no CFP por um período mínimo de dois anos, sendo esses requisitos fixados pelo art. 4º da Resolução n. 002/2004 (CFP, 2004).

Para Landin (2018), o neuropsicólogo é o profissional responsável por avaliar, investigar e criar hipóteses com a intenção de desenvolver planos de tratamento para o paciente, que devem ser elaborados por uma equipe multidisciplinar de profissionais da área da saúde com o intuito de garantir uma abordagem mais ampla, com maiores desdobramentos, na vida daquele paciente. As atividades vinculadas à neuropsicologia podem ser desenvolvidas nos mais diversos espaços, tanto no âmbito acadêmico, a partir da realização de pesquisas, desenvolvimento de estudos, ensino e supervisão, quanto no meio prático, estando vinculada às instituições hospitalares, forenses, clínicas, consultórios privados e atendimentos domiciliares, com a intenção de efetuar diagnósticos, reabilitações e fornecer orientações à família. Nesse sentido, a equipe e os profissionais dessa área devem atuar multidisciplinarmente.

Assim como na psicologia, a neuropsicologia não possui apenas uma forma de ser exercida, por isso os profissionais que atuam nessa área podem optar por efetuar o seu trabalho como pesquisadores que desenvolvem estudos sobre o cérebro ou como especialistas voltados ao contexto clínico. Landin (2018) destaca ainda que os casos que precisam do acompanhamento de um neuropsicólogo variam, sendo os mais comuns associados a lesões cerebrais, demência, transtornos de aprendizagem, Alzheimer, doença de Parkinson e qualquer outra deficiência de caráter cognitivo que atinja os relacionamentos interpessoais, como é o caso do transtorno do espectro autista.

As avaliações realizadas pelo neuropsicólogo constituem, posteriormente, o relatório do perfil do paciente. Para tanto, são realizadas entrevistas com os pacientes e seus familiares, além de testes, avaliações, observações clínicas, entre outros processos. Com base nos resultados dessas avaliações, o médico ou o psicólogo, desde que tenha a devida especialização, pode solicitar consulta ou acompanhamento com o neuropsicólogo, que iniciará o tratamento recomendado e, caso necessário, receitará medicamentos.

É importante salientar que o neuropsicólogo, além de ter a especialização adequada para o desempenho de suas funções, também deve se ater a outros requisitos e habilidades, pois, como essa é uma profissão que lida diretamente com o público e com as necessidades deste, é imprescindível que o neuropsicólogo atue de maneira ética, demonstre interesse por pessoas, tenha paciência e capacidade de ouvir e observar de forma atenciosa, além de transformar os dados obtidos por meio da escuta e da observação em maneiras de fixar o melhor tratamento para cada paciente. É relevante ainda que esse profissional busque constantemente atualizar seus conhecimentos por meio de pesquisas e estudos de destaque para a sua área de atuação.

Assim como o psicólogo, o neuropsicólogo deve estar atento para as questões éticas relativas ao desempenho de suas funções, já que esse critério irá determinar a maneira como esse profissional deve se portar perante os seus pacientes e demais profissionais da classe.

Para saber mais

Recomendamos que você assista ao debate realizado no Programa Roda de Entrevista, cuja temática foi a neuropsicologia, disponível no *link* a seguir:

TV BRASIL CENTRAL. **Neuropsicologia é tema do Roda de Entrevista**. 23 ago. 2017. Disponível em: <https://www.youtube.com/watch?v=k0OWtfQpgVU>. Acesso em: 2 jun. 2021.

Importante salientar, ainda, que, além de estar relacionada com a psicologia e com a neurologia, a neuropsicologia também se relaciona com a neurociência, sendo que alguns até a entendem como um ramo mais específico dessa área. A neurociência possui como foco o estudo voltado para o funcionamento do sistema nervoso central e de outras estruturas do cérebro, e já que esses aspectos também podem afetar a cognição e o comportamento, entende-se que esse seja o elo entre as duas áreas, pois a neuropsicologia faz uso de estudos, pesquisas e descobertas da neurociência para interpretar o comportamento dos indivíduos.

Exercícios resolvidos

1. A neuropsicologia é uma área científica que reúne a psicologia e a neurologia e seu objeto de estudo pode ser tanto o cérebro e suas características físicas quanto a mente, cuja análise busca entender a relação entre ambos (cérebro e mente). Considerando-se os aspectos gerais da neuropsicologia adjunta à religião, assinale a alternativa correta:

   A] A neuropsicologia auxilia de forma exclusiva os profissionais da neurologia e da psicologia, não podendo beneficiar nenhuma outra área.

   B] A neuropsicologia é uma especialidade da psicologia regulada pela Resolução n. 005/2003 do CFP, que dispõe sobre a especialização na área por qualquer interessado.

   C] Alguns dos serviços prestados por neuropsicólogos clínicos consistem em avaliar o paciente, realizar consultas clínicas em parceria com outros profissionais, intervir clinicamente, proceder a pesquisa científica e realizar atividades de supervisão e ensino.

   D] A neuropsicologia ainda é uma área em crescimento, que só pode ser desenvolvida e aplicada no meio acadêmico, não havendo espaço para sua atuação clínica.

   Gabarito: (c). A neuropsicologia, além de beneficiar os profissionais da neurologia, da psicologia e da psiquiatria, o que revela seu caráter multidisciplinar, também pode fomentar discussões com outros campos do saber. Como é sabido, a neuropsicologia é uma especialização da psicologia, normatizada pela Resolução n. 002/2004 do CFP. Por fim, embora seja verdade que a neuropsicologia está em ascensão, ela já conquistou seu campo de atuação e suas atividades podem ser desempenhadas tanto no meio clínico quanto no âmbito acadêmico.

É fato que a neuropsicologia se relaciona de forma direta com a psicologia, mas como tudo isso está relacionado com a religião?

Para que essa pergunta seja respondida, é importante que tenhamos em mente que as correntes da psicologia da religião se distinguem, em alguns casos, por meio da compreensão acerca da religiosidade para o indivíduo. Dentre as correntes da psicologia, existem aquelas que envolvem questões como a aprendizagem e a influência cultural, em que a ênfase acerca da defesa e da proteção religiosa podem influenciar o comportamento humano de alguma maneira.

Verifica-se a existência das correntes que entendem que a religião decorre de dois processos, sendo o primeiro inato e cultural, enquanto o segundo se baseia nos estudos da neuropsicologia da religião, que, por sua vez, leva em consideração os aspectos biofisiológicos do comportamento religioso. Paiva (2002a, p. 566, grifo do original), nesse sentido, afirma:

> Em relação à Psicologia a questão religião/ciência assume diversas feições. A Psicologia tem uma dimensão que a aproxima das ciências naturais e biológicas e outra dimensão que a aproxima das ciências históricas e hermenêuticas. Exemplos nítidos seriam a neuropsicologia e a psicologia cognitiva da inteligência artificial, de um lado, e, de outro, a psicanálise e diversas psicoterapias. [...] Em relação à religião e à busca de sentido, a psicologia encontra-se mais vizinha da dimensão histórica-hermenêutica, onde, assim, como a religião, "produz conhecimento, desperta motivação e muitas vezes leva à transformação pessoal" ([Schafranske,] 1997, p. 163). Porém, essa dimensão não pode ser vista como separada da outra: "o que parece estarmos aprendendo por meio da pesquisa em neurociência é que as explicações do cérebro podem acabar exigindo termos como crenças, desejos e sentimentos, bem como neurônios, sinapses e serotonina" (M. Schechtman, citada

em Schafranske, 1997, p. 163). Apoiando-se na teoria multinível de Barbour (1990), Schafranske oferece a perspectiva integrada de que é a partir do *self* que os acontecimentos no **cérebro** evoluem para significados **psicológicos**, dentre os quais o da busca de sentido.

Segundo Valle (2001), os progressos científicos no campo da biogenética, química e da informática vem fortalecendo os ramos das ciências biomédicas, estando entre estas a neuropsicologia, que é um dos campos mais afetados pelas novas descobertas e pela realização de novas pesquisas que visam entender o funcionamento do cérebro humano, seja nos seus aspectos físicos, seja naqueles relativos à mentalidade, já que ambos podem influenciar o comportamento humano, porém de maneiras distintas.

Com base nos conhecimentos adquiridos até o presente momento, podemos afirmar que grande parte da relação que pode ser firmada entre psicologia e religião atinge os interesses compartilhados acerca da cognição e do comportamento, sendo essas temáticas também vinculadas à neurologia em certo nível. É por isso que a psicologia pode ser vista como uma aliada da religião na busca da verdade e daquilo que move os comportamentos humanos e, até mesmo, os justifica em certo nível.

Tanto os estudos realizados no campo da psicologia quanto aqueles desenvolvidos perante a neuropsicologia são capazes de desafiar de forma direta as crenças religiosas que foram difundidas, por isso os avanços da neuropsicologia atingiram as crenças das pessoas, já que novos desafios foram criados por elas e pela necessidade de passarem a ser compartilhadas.

Assim como tantos outros assuntos que estudamos, a neuropsicologia da religião não pode ser vista nem compreendida de forma isolada; pelo contrário, a neurologia da religião não é única e não pode receber um tratamento que a diferencie das demais quanto às formas particulares de experiências e comportamentos religiosos. Por essa razão, é imprescindível que seja formado um sistema contributivo e colaborativo em que os indivíduos irão interagir entre si para que os comportamentos e as experiências sejam criados e se insiram dentro de um contexto social.

Grande parte do foco da neurociência, dentro da temática em questão, destina-se às experiências religiosas extraordinárias. Nesse sentido, Jeeves (2019) afirma:

> No entanto, as evidências sugerem que mesmo essas experiências não parecem envolver nenhuma área cerebral ou qualquer padrão identificável de atividade do sistema nervoso. Experiências religiosas envolvem uma combinação de conteúdo mental religioso e altos níveis de atividade em sistemas envolvidos como o reconhecimento ou atribuição de significado e o consequente desencadeamento de experiências subjetivas afetivas. Provavelmente não existe dentro do sistema nervoso um "núcleo de religião" ou um "módulo de Deus" que se liga durante experiências religiosas intensas. Portanto, os dados da neurociência sobre experiências religiosas não parecem constituir uma neurociência única, os fenômenos demonstrados estão em grande parte sobrepondo-se a fenômenos neurais que ocorrem em outras formas não-religiosas de experiência, que provocam experiências subjetivas e são percebidos como particularmente significativos para a experiência.

Assim, a religião pode não ser capaz de atingir o cérebro em seus aspectos fisiológicos, todavia, isso não é o mesmo que afirmar que ela não é capaz de proporcionar modificações para a mente humana ou para os comportamentos relativos a esta, pois, ainda que nenhum dano, benefício ou alteração seja verificado pela ausência de um "núcleo de religião", esse é um campo de suma importância para a vida e para a natureza humana, e é por essa razão que diversos estudos e profissionais defendem, apoiam e comprovam os resultados positivos que a religião pode proporcionar para a mente humana.

Da relação firmada entre psicologia, religião e neurologia, muitos são os benefícios que podem ser gerados, merecendo destaque a maior atenção destinada ao reconhecimento da espiritualidade incorporada e à forma com que esta pode afetar tanto o conhecimento religioso como os vários setores relativos à vida dos indivíduos em seu cotidiano.

Valle (2001, p. 8), ao dispor acerca da evolução relativa à religião e à neurociência, cita as três fases apresentadas por Ashrbrook:

1. **Mind-brain problem**: Sofre as influências das duas correntes de consciência, em que os hemisférios cerebrais desempenham funções diferenciadas e são responsáveis por aspectos distintos da personalidade do sujeito, um mais ligado a características analíticas e outro caracterizado pela síntese.
2. **Funcionamento integrado do "cérebro todo"**: Em virtude das críticas que o momento anterior havia enfrentado, nessa fase, todo o cérebro importava, ou seja, esse órgão era tomado com base em seu funcionamento integrado, fase que ganhou força durante os anos 1980.
3. **Consciência é "capaz de dar sentido e de integrar"**: Em 1990 surgiu a terceira fase, em que não só a aparência ou as divisões atribuídas ao cérebro eram importantes, mas a consciência passava a ganhar destaque em sua percepção por estar relacionada à capacidade de dar sentido e de integrar. É nessa fase que a relação entre a neurologia cognitiva e a religião ganha força, pois, para a religião, ainda que o funcionamento do cérebro seja importante nos sistemas de escolha, a consciência é muito mais, pelo fato de que grande parte das escolhas e das intenções humanas parte daí e se relaciona com

todos os níveis do cérebro, causando vários desdobramentos culturais.

6.2 Psicologia social da religião

A psicologia social possui como foco o estudo do comportamento dos indivíduos, buscando entender como eles são influenciados pela sociedade e como a relação firmada entre indivíduo-sociedade se dá nas mais diversas fases da vida humana. Por essa razão, a pesquisa presente nessa área também demonstra preocupação com as questões relativas ao julgamentos de valores, aos sentimentos de pertença, à construção de identidade, às relações de trabalho, familiares, interpessoais, religiosas, dentre tantas outras temáticas que envolvem a relação entre o indivíduo e a sociedade e a maneira com que um pode influenciar o outro, segundo Rodrigues (2008).

A psicologia social é mais um dos diversos ramos que derivam da psicologia, sendo uma área de suma relevância, já que suas contribuições afetam a construção da coletividade a partir dos estudos e das consequências que derivam da relação entre indivíduo e sociedade. É fato que o indivíduo integra a sociedade, assim como também é lógico que a sociedade é formada por indivíduos; assim, ambos dependem e são essenciais um ao outro, possuindo interesses que podem tanto convergir quando divergir, a depender da temática que esteja sendo abordada e discutida.

EXEMPLIFICANDO

A Constituição Federal (CF) de 1988, desde a sua criação, é conhecida como *Constituição Cidadã* em razão do grande número de direitos sociais e coletivos presentes em seu texto. Essa norma também é responsável por trazer importantes garantias, direitos, proteções e deveres aos cidadãos como indivíduos. Em outras palavras, a CF aborda tanto os direitos individuais quanto os sociais, reconhecendo as diferenças e as importâncias relativas a cada um deles.

A vida em comunidade é de extrema relevância para o desenvolvimento dos seres humanos. Em diversos momentos, é possível verificar que os indivíduos se comportam de uma maneira quando estão sozinhos e apresentam um comportamento distinto quando estão em comunidade. Esse tipo de reflexo ou reação à exposição social pode ser interpretado ou significar uma variedade de pretextos, seja como proteção, seja como uma forma de manter as aparências, dentre outras razões.

Nesse sentido, a psicologia social também é responsável por estudar o condicionamento a que a mente está exposta perante a esfera social humana, à medida que a vida em sociedade também interfere nos padrões dos pensamentos relativos a humanidade. Diante disso, a psicologia social defende a ideia de que os seres humanos tanto são capazes de modificar a sociedade como de serem modificados por ela.

Em razão da sua própria natureza, a psicologia social demonstra ter uma forte ligação não só com a psicologia, da qual faz parte, mas também se relaciona de forma direta com a sociologia, campo voltado para o estudo da sociedade e dos momentos que afetam a mesma. As ciências mais complexas são aquelas que possuem relação com a natureza humana ou que tentam desvendar os mistérios da mente humana, mas essa nem sempre é uma missão fácil, já que envolve uma série de outros elementos, como a cultura da época e os desdobramentos sociais gerados por esta.

Ainda que a psicologia social se relacione com a sociologia, não se pode confundi-las, pois são duas ciências distintas e que possuem objeto de estudo diferentes, apesar de que possam se relacionar. A psicologia social é voltada para a compreensão do indivíduo, ou seja, o foco é o indivíduo, ele é o objeto de estudo, analisado como capaz de integrar, modificar e ser modificado pela sociedade. Além de focar na sociedade como um todo também direciona a sua atenção para os impactos que pequenos grupos podem proporcionar para os indivíduos.

Por outro lado, a sociologia tem como objeto de estudo os grupos sociais, ou seja, a sociedade como um todo é vista como um grande grupo ou grande massa, que engloba a população em sua integralidade. Nesse sentido, o indivíduo não é o foco, mas sim o grande grupo ou até mesmo uma população específica, inserido em uma época e em uma cultura também considerados como específicos.

A afirmação de que a psicologia social e a sociologia não são a mesma coisa, mas que apresentam relações entre si, não afeta e nem retira a autonomia de nenhuma das duas áreas, já que ambas continuam sendo interdependentes, o que torna esses dois campos complementares e indispensáveis para o entendimento do comportamento do indivíduo como um ser social. Nesse sentido, Van Stralen (2005, p. 94) esclarece:

> Atualmente, há bastante consenso de que a Psicologia Social como disciplina científica possui uma especificidade, não pelo seu objeto de estudo, mas antes de tudo por suas abordagens teóricas que articulam aspectos estruturais e aspectos subjetivos e integram explicações psicológicas e sociológicas. Como tal, a Psicologia Social apresenta-se como um campo de interseção entre a Psicologia e a sociologia, no qual encontramos teorias procedentes tanto da Psicologia como da sociologia. Esta especificidade da Psicologia Social causa uma tensão interna à disciplina, entre o que se convencionou chamar Psicologia Social psicológica e Psicologia Social sociológica.

A psicologia social pode ser desenvolvida em diversas áreas, sendo de bastante utilidade nos atendimentos clínicos, mas também um campo rico e vasto no que se refere à atuação acadêmica.

Assim, os profissionais que optam por seguir esse caminho podem desempenhar as suas funções em universidades, por meio de pesquisas e da docência, ou até mesmo em suas clínicas. Esse ramo da psicologia, assim como a área em geral, passa por constantes mudanças e evoluções, pois essa é uma característica atrelada à humanidade, razão por que as áreas que a estudam precisam se adaptar às mudanças enfrentadas por ela. A psicologia social também possui campo de atuação perante as organizações não governamentais (ONGs), as agências e as empresas do governo.

A importância das atividades prestadas pelo psicólogo social é tanta que, muitas vezes, ultrapassa o atendimento nas clínicas de psicologia ou em aulas dadas no decorrer do curso de Psicologia ou da especialização, pois podem ser colocadas em prática em vários ambientes, principalmente quando associadas a aspectos multidisciplinares. Dessa forma, a psicologia social pode atuar no meio público, auxiliando na elaboração de políticas públicas que estejam direcionadas para o lazer, o trabalho e a inclusão social.

No que se refere ao meio privado, a psicologia social também possui campo de atuação no meio empresarial, já que pode ser utilizada como instrumento para a elaboração de estratégias de *marketing* e propaganda, pois a visão que se tem do indivíduo como integrante da sociedade, e vice-versa, é relevante no momento em que se toma a decisão de como a divulgação do produto ou do serviço é feita, visando a forma com que ela vai interferir ou proporcionar impactos para o pensamento coletivo e na obtenção dos objetivos da empresa, que, na maior parte das vezes, são vender e atrair clientes. O produto não pode estar alheio à realidade em que está inserido, pois, se assim o for, não será atrativo, por isso a atuação do psicólogo social pode ser de grande utilidade nesse meio.

Exercícios resolvidos

2. Grande parte das relações humanas são firmadas em sociedade, como no trabalho. Em razão disso, muitas são as áreas da ciência que destinam atenção a esse campo e tentam entender seus desdobramentos. Nesse sentido, assinale a alternativa correta acerca da psicologia social:

   a] O objeto de estudo da psicologia social é, sobretudo, a sociedade, cuja análise busca entender seu impacto na vida particular e social do indivíduo.
   b] A psicologia social mantém um estreito relacionamento com a sociologia, porém as duas não podem ser confundidas, pois são ciências distintas e com objetos de estudo diferentes.
   c] A psicologia social é um ramo da sociologia, sendo prova disso o fato de que o objeto de estudo de ambas as áreas é o mesmo, o que fortalece a dependência entre elas.
   d] A psicologia social pode ser desenvolvida em diversas áreas, desde que sejam pertencentes exclusivamente ao setor privado.

   Gabarito: (b). O foco da psicologia social é o indivíduo, e não a sociedade, ainda que um afete o outro e vice-versa. Também é fato que o objetivo da psicologia social é entender os impactos que a vida em sociedade pode causar ao indivíduo e a seus comportamentos. A psicologia social é uma especialização da psicologia, e não da sociologia; além disso, ainda que a psicologia social e a sociologia guardem certas semelhanças, seus objetos de estudo são distintos, o que aponta para uma interdependência, mas nunca uma dependência. A abrangência da psicologia social é ampla, podendo ser aplicada tanto no meio privado quanto no meio público, a depender das hipóteses, das situações e dos casos relacionados a ela.

Inicialmente, a psicologia social foi reconhecida como uma especialidade da psicologia pela Resolução n. 5, de 14 junho de 2003, do CFP. Contudo, essa resolução foi revogada pela Resolução n. 13, de 14 de setembro de 2007 (Brasil, 2007), que "institui a Consolidação das Resoluções relativas ao Título Profissional de Especialista em Psicologia". Essa resolução, em seu art. 3°, determina:

> Art. 3° As especialidades a serem concedidas são as seguintes:
> I – Psicologia Escolar/Educacional;
> II – Psicologia Organizacional e do Trabalho;
> III – Psicologia de Trânsito;
> IV – Psicologia Jurídica;
> V – Psicologia do Esporte;
> VI – Psicologia Clínica;
> VII – Psicologia Hospitalar;
> VIII – Psicopedagogia;
> IX – Psicomotricidade;
> X – **Psicologia Social**;
> XI – Neuropsicologia;
> XII – Psicologia em Saúde;
> XIII – Avaliação Psicológica. (CFP, 2007, grifo nosso)

Considerando que essa é uma especialização atribuída aos profissionais da psicologia, não são todas as pessoas que podem se tornar psicólogos sociais, pois alguns critérios devem ser atendidos para a obtenção desse título. Em conformidade com o art. 8° da Resolução n. 13/2007, para que os psicólogos estejam habilitados ao título de especialista, é necessário ter se inscrito no CRP há, pelo menos, dois anos e atender a um dos requisitos destacados pelos incisos I, II e II, descritos a seguir:

> I – ter certificado ou diploma de conclusão de curso de especialização conferido por instituição de ensino superior legalmente reconhecida pelo Ministério da Educação [...];

II – ter certificado ou diploma de conclusão de curso de especialização, conferido por pessoa jurídica habilitada para esta finalidade [...];

III – ter sido aprovado no exame teórico e prático, promovido pelo CFP, e comprovar prática profissional na área por mais de 2 (dois) anos. (CFP, 2007)

Em resumo, a psicologia social apresenta como objetivo evidenciar o quanto e como o indivíduo se encontra inserido em seu meio social, bem como quais são os elementos necessários para que eles sejam e se sintam inseridos na sociedade da qual fazem parte, destruindo qualquer sentimento de exclusão e marginalização.

Lembrando que, em conformidade com os estudos desenvolvidos no meio da psicologia social, as pessoas agem de uma forma quando estão sozinhas e de uma maneira distinta quando estão acompanhadas, havendo ainda diferenças quando esses grupos são pequenos ou grandes. Isso ocorre, segundo Rodrigues (2008), porque a mente coletiva possui mais força do que a mente individual e, consequentemente, os interesses daquela prevalecem sobre os desta.

Depois de termos estudado os aspectos gerais da psicologia social, podemos ver com mais clareza que esta, assim como a neuropsicologia, também se vincula à religião de várias formas.

Nesse sentido, Catalan (1999) determina que o objetivo geral da psicologia social da religião é detalhar os comportamentos religiosos, abordando cada um dos seus significados religiosos e buscando entendê-los, bem como as relações que eles estabelecem com outros fenômenos humanos, fornecendo ainda uma estrutura psicológica a essa análise. Quanto ao comportamento religioso, Rodrigues (2008, p. 40) destaca que

> o comportamento religioso refere-se àqueles comportamentos humanos que partem da convicção da existência de seres

sobrenaturais; que consideram a existência da relação entre as esferas natural e sobrenatural; que se baseiam na existência de crenças e rituais sancionados pelo divino; que dividem o mundo entre elementos profanos e sagrados; que consideram a comunicação entre as realidades naturais e sobrenaturais; que tentam ordenar a vida em harmonia com os desígnios sobrenaturais; que remetem à verdade revelada, considerando-a superior ao esforço de compreensão do mundo; e que consideram a prática de conviver religiosamente em comunidade. Contudo, as concepções e condutas que trazem sentido ao existir humano remetem à esfera da espiritualidade e, mesmo para o ateu, configuram um comportamento psicologicamente religioso.

Em razão disso, a distinção entre religião e religiosidade, bem como a relação firmada entre elas, já estudada anteriormente, é de suma relevância para a compreensão da psicologia social da religião.

6.3 Religião e personalidade

Definir alguém com base em suas características e nos traços que formam sua personalidade nem sempre é uma tarefa fácil. No entanto, para os psicólogos, esse é um assunto de extrema relevância, já que a personalidade é uma grande determinante dos comportamentos e das escolhas humanas. Profissionalmente, a personalidade pode ser mais facilmente perscrutada por meio da aplicação de testes que fornecem respostas passíveis de orientar o psicólogo quanto aos traços formadores da personalidade daquele paciente, possibilitando, assim, que ele defina o melhor tratamento. Contudo, essa determinação não pode estar limitada à aplicação do teste, sendo necessárias outras avaliações, como as descrições dos comportamentos do paciente a fim de mensurar sua escala de personalidade, para que o psicólogo possa entender a dimensão em que cada paciente se encontra. Mas que dimensões são essas?

A personalidade pode ter suas características agrupadas de diversas maneiras, sendo que estas passam por alterações a depender do ponto de vista e dos estudos efetuados pelo psicólogo. Assim, existem cinco principais dimensões, sendo elas: extroversão, agradabilidade, concienciosidade, neuroticismo e abertura à experiência, descritas na figura a seguir.

FIGURA 6.1 – Dimensões da personalidade

Extroversão	Agradabilidade	Concienciosidade	Neuroticismo	Abertura à experiência
Prazer em ter contato social.	Indica o quanto alguém busca agradar outrem.	Disciplina ao buscar e alcançar objetivos.	Instabilidade emocional.	Curiosidade e motivação para novas experiências.

Fonte: Elaborado com base em Elias, 2010.

Elias (2010) também destaca que as teorias da personalidade possuem como objetivo descrever, explicar e prever quais são os comportamentos das pessoas e que, para tanto, fazem uso dos elementos bases da personalidade, que são denominados *traços* e *motivos*.

A personalidade pode ser influenciada por vários fatores. Dentre esses fatores, Elias (2010) enfatiza as consequências que os valores morais e sociais repercutem na formação humana, pois eles são capazes de moldar os comportamentos da humanidade, tornando alguns deles até mesmo previsíveis em decorrência das imposições que os valores sociais e até mesmo os costumes impõem tanto na vida individual quanto na convivência social. Sendo assim, ainda que os valores sociais e a personalidade se relacionem, esses conceitos são abordados de forma independente.

Segundo Elias (2010), a palavra *personalidade* possui origem latina e deriva do termo *persona*, que era utilizado para se referir às máscaras utilizadas no teatro. No entanto, esse termo sofreu modificações e passou a estar relacionado às emoções e aos comportamentos que as pessoas apresentam de forma habitual. Como já destacado, diversos são os estudos acerca personalidade, razão por que há uma grande quantidade de conceitos sobre esse assunto; porém, três são os termos que se repetem com uma maior frequência: a personalidade como relativa à singularidade da pessoa; a personalidade estável; e a personalidade duradoura.

McCrae e Costa (1997), por sua vez, enfatizam que personalidade passa por modificações ao longo da vida humana, ganhando um caráter mais estável passados 30 anos, momento em que, segundo os autores, a personalidade do indivíduo se estabiliza. Em decorrência da diversidade de definições acerca da personalidade e da quantidade de teorias, Elias (2010) destaca sete perspectivas distintas:

1. psicanalítica;
2. neoanalítica;
3. humanista;
4. aprendizagem;
5. cognitiva;
6. psicobiológica; e
7. disposições.

A personalidade é formada por traços e motivos, que, segundo Elias (2010, p. 11),

> se desenvolvem ao longo da vida e dependem de factores hereditários e do meio ambiente. Os traços podem ser comuns, isto é, semelhantes entre pessoas e que, portanto, encontramos em várias pessoas, e únicos, que, como o próprio nome indica, são exclusivos a uma pessoa; um conjunto de traços corresponde a traços de segunda-ordem ou supertraços.

Assim, as melhores e mais completas definições acerca da personalidade são aquelas que mencionam ou que se relacionam de alguma forma com os traços e os motivos, sendo esse também o conceito que recebe o maior número de adeptos, tendo em vista que os traços são incumbidos por representar as características estáveis da personalidade, enquanto os motivos e os desejos se referem às questões comportamentais.

A personalidade, sob uma ótica geral, envolve um vasto agrupamento de características de um indivíduo (representado pela Fgura 6.1), que se relacionam com as questões motivacionais, emocionais, cognitivas e comportamentais deste, que, juntas, formam os pensamentos e os padrões desses pensamentos acerca de questões gerais e específicas, englobando valores, autopercepções, atitude e resoluções de problemas.

É a personalidade um grande fator de diferenciação entre os seres humanos, pois é ela que faz com que sejamos exclusivos e com que cada um de nós pense e absorva as experiências da vida de forma única. Nossas personalidades são diferentes, a sua é diferente da personalidade de sua mãe e do seu pai, mesmo que os dois tenham tido grande importância na sua formação. Mesmo que você tenha um irmão gêmeo univitelino e tenham vivido a maior parte de suas vidas juntos, tendo as mesmas oportunidades, ainda assim as personalidades de ambos serão distintas.

PARA SABER MAIS

A personalidade é uma temática discutida tanto por especialistas quanto por leigos. É comum que vejamos pais discutindo a respeito da personalidade de seus filhos, como traços e características de cada um. Sendo assim, a personalidade integra o cotidiano. Sobre esse assunto, recomendamos o vídeo disponível no *link* a seguir:

O QUE é personalidade. **Minutos psíquicos**, 6 abr. 2016. Disponível em: <https://www.youtube.com/watch?v=ZVSTxSnKUzU>. Acesso em: 2 jun. 2021.

É fato que a religião e a religiosidade são capazes de trazer benefícios para a saúde física, mental e para a qualidade de vida dos indivíduos, sendo ambas responsáveis por influenciar e atingir a vida humana de diversas formas, já que os indivíduos tomam grande parte de suas decisões com base em motivações religiosas, sendo a sua própria formação e identificação pessoal influenciada por esses aspectos transcendentes.

Não é de hoje que a personalidade é um dos objetos de estudo da psicologia, já que pesquisas dessa natureza são vistas desde o século XIX, segundo Alminhana e Moreira-Almeida (2009). Todavia, os autores destacam que são poucas as pesquisas que relacionam a religiosidade, a religião e a espiritualidade às patologias que atingem a personalidade, sendo esse um problema comum da psicologia e da psiquiatria. Nesse sentido, os avanços dos estudos que inserem e relacionam a religião, a religiosidade e a espiritualidade ao campo da saúde e das doenças, tanto físicas como mentais, abriram espaço para que novas suposições e descobertas nessa perspectiva fossem alcançadas.

É nesse sentido que Santos et al. (2020) acreditam na probabilidade de que o envolvimento religioso seja capaz de influenciar a personalidade humana, bem como de ser influenciado por ela por meio das forças genéticas e ambientai. Sendo assim,

> uma pessoa com uma crença religiosa pode atribuir um significado maior às suas atividades no dia a dia (trabalho, esporte, profissão, compromisso político, entre outras) e pode levar em conta a perspectiva religiosa, em momentos de tomada de decisão

ou em projetos que irá desenvolver, por exemplo. (Santos et al., 2020, p. 451)

Santos et al. (2020) ainda destacam que a atitude religiosa não pode ser vista de forma separada da existência humana. Pelo contrário, desde o início do nosso estudo estamos evidenciando e comprovando que ambos estão diretamente relacionados, pois a religiosidade, a espiritualidade e a religião estão presentes na humanidade desde os primórdios, promovendo interferências e impactos nas mesmas.

Os autores ainda destacam que a religiosidade é uma concepção que unifica a vida; assim, as crenças derivadas dela atribuem significados às atividades cotidianas, sejam elas associadas a compromissos sérios e profissionais, sejam relacionadas a momentos simples e corriqueiros. Por essa razão, a prática religiosa é, sim, responsável por influenciar as escolhas humanas, promovendo impactos e reflexos no desenvolvimento de projetos e tomadas de decisão ao longo de toda a vida do indivíduo. Essa afirmação também serve para aqueles que são ateus ou que não seguem uma religião específica, pois mesmo a ausência da religiosidade é capaz de exercer influência nos momentos em que os indivíduos precisam optar entre uma coisa e outra.

É por isso que a religião não pode ser desconsiderada diante de assuntos como a formação de personalidade e nos campos em que esta seja dotada de importância significativa. É também por essa razão que a religião precisa ser levada em consideração nos ambientes de trabalho, nas amizades e nos espaços familiares, pois todos esses aspectos são relevantes para o desenvolvimento pessoal, o autoconhecimento, bem como a possibilidade de criação e de contribuição deste.

Considerando as cinco dimensões da personalidade, Saroglou (2002, p. 17) afirma que a religião possui relação com cada uma dessas cinco dimensões; todavia, esse relacionamento será medido em graus, que irão depender da aproximação entre a dimensão em questão e a forma com que a religiosidade é medida. O estudo efetuado pelo autor em questão aponta que a religiosidade possui uma relação maior com as dimensões da amabilidade e da conscienciosidade.

EXERCÍCIOS RESOLVIDOS

3. A personalidade é parte fundamental do reconhecimento do ser humano acerca de si mesmo. Sem ela, as características que compõem o indivíduo não poderiam ser elencadas. Cada pessoa tem sua própria personalidade, seus traços e seus motivos, sendo esses aspectos que torna único cada indivíduo. Em razão da diversidade de advérbios que podem estar relacionados à personalidade humana, estudiosos da personalidade agrupam essas características em cinco dimensões principais. Assinale a alternativa correta acerca dessas dimensões:

   A) A dimensão da concienciosidade é aquela que faz menção à busca pela curiosidade e pela motivação para o desempenho de novas experiências.
   B) Os indivíduos que se encaixam na dimensão da agradabilidade manifestam prazer no contato social e se sentem bem ao firmar relações com o maior número possível de pessoas.
   C) A extroversão é uma dimensão muitas vezes relacionada às pessoas neuróticas, pois se manifestam de forma exagerada, demonstrando traços de instabilidade emocional.
   D) A agradabilidade é a dimensão que indica o quanto alguém busca agradar outrem, à medida que a concienciosidade faz menção à disciplina ao buscar e alcançar objetivos.

   Gabarito: (d). A conciensiodade se refere à disciplina na busca e no alcance dos objetivos almejados. A extroversão indica a

> necessidade e o prazer em estabelecer contato social. Cumpre ainda relembrar que a dimensão do neuroticismo é aquela marcada pela instabilidade emocional, enquanto a abertura e a experiência demarcam a curiosidade e a motivação para as novas experiências.

Ainda que a laicidade precise ser respeitada, principalmente em países que a adotam, como é o caso do Brasil, isso não quer dizer que o país e/ou o mundo sejam entendidos como antirreligiosos. Nesse sentido, a religião precisa respeitar os limites, mas também precisa e merece ter os seus limites respeitados. Em razão disso é imprescindível que a religião tenha seu espaço respeitado para que os diálogos entre as áreas claramente religiosas e aquelas que não o são possam ser firmados e resultem em benefícios para as diversas esferas envolvidas nesse relacionamento.

6.4 Fenômenos religiosos contemporâneos: enfermidades e transtornos

Como já sabemos, a religião está presente nas várias áreas do saber, sendo de extrema relevância para a compreensão de grande parte dos fenômenos e dos comportamentos humanos, e é justamente esse o campo de estudo da psicologia e que justifica as abordagens desenvolvidas pela religião e pela psicologia.

A religião é, muitas vezes, utilizada para explicar fatos que a racionalidade não explica, mas também para atribuir justificativas baseadas na fé e nas crenças religiosas aos fenômenos presentes no meio científico. Dentre os diversos assuntos que podem receber uma explicação advinda do campo religioso estão as enfermidades, principalmente aquelas vinculadas às questões da mente e aos comportamentos que envolvem transtornos, alucinações e certos tipos de distúrbios, como os que afetam o sono.

No presente tópico, iremos estudar a relação firmada entre religião e psicologia, tendo em mente as questões relativas à xenoglossia, aos terrores noturnos e aos fenômenos de possessão e transe.

6.4.1 Terror noturno

Os terrores noturnos, sob o ponto de vista daqueles que não possuem conhecimento sobre área, podem estar associados ao sonambulismo ou a pesadelos, contudo, essa é uma relação que nem sempre está correta, já que o terror noturno, na verdade é um tipo de distúrbio que possui como principal característica episódios em que a pessoa enfrente grandes medos, resultando em grandes terrores, por isso a nomenclatura *terror noturno*.

Segundo Coliath (2015), a principal diferença existente entre os terrores noturnos e os pesadelos é que estes são produzidos no período REM do sono, em que há um total despertar, enquanto no terror noturno o despertar não ocorre em sua completude, pelo contrário, aqueles que sofrem com esse distúrbio despertam apenas de forma leve, por isso essas pessoas ficam parcialmente conscientes, mas não são capazes de controlar o sono ou de despertar durante este.

Perguntas & respostas

Existe diferença entre o terror noturno e o sonambulismo?
- Sim. Assim como o terror noturno não pode ser confundido com pesadelos, também há diferenças entre esse distúrbio e o sonambulismo. Este se caracteriza quando o indivíduo não desperta de forma completa, como se uma parte do cérebro acordasse enquanto a outra permanecesse dormindo. Já o terror

noturno é um despertar abrupto acompanhado por gritos de pânico, ansiedade, taquicardia, respiração acelerada, entre outros sintomas, enquanto os pesadelos são sonhos desagradáveis que tem como resultado o despertar.

O terror noturno pode ser observado por quem está de fora por meio da manifestação de choros e gritos ou até mesmo expressões faciais de forte terror e pânico. É mais comum e recorrente que o terror noturno se manifeste durante a infância; contudo, ele também pode se fazer presente durante a adolescência e a fase adulta, porém em menor incidência. Ainda que a causa dos terrores noturnos não seja conhecida, situações como fatores de estresse, medo, sensações de insegurança, sono irregular e má alimentação podem aumentar a intensidade e a frequência dos episódios.

Em regra, os episódios dos terrores noturnos duram entre 1 e 20 minutos, tendo início na fase não REM, sendo que os indivíduos raramente recordam o ocorrido durante os episódios.

Ainda que o terror noturno não possa ser confundido com o sonambulismo, pode estar associado a este, ou seja, são distúrbios distintos, mas que podem acontecer de forma simultânea e concomitante.

Como foi dito anteriormente, as religiões buscam explicar fatos que não possuem explicação lógica, mas que podem ser explicados ou compreendidos por meio de aspectos espirituais. Considerando que o terror noturno acontece com uma maior frequência durante a infância, as justificativas dadas fazem menção a um estado de desenvolvimento espiritual em que a consciência da criança ainda se encontra expandida, por isso ela poderia fazer contato com o "outro lado", pois a sua alma ainda é dotada de uma matéria dual, em que o eu inferior está na terra e o eu superior, a alma, ainda se encontra no outro plano.

Há ainda uma explicação para o fato de que nem todas as crianças sofrem com o terror noturno, mas apenas algumas delas, e esta se concentra no nível da sensibilidade e da energia emanada pelas crianças em questão, à medida que algumas apresentam uma sensibilidade mais aflorada com o outro plano, enquanto outras apresentam uma separação mais bem estabelecida com essa conexão. As crianças índigos estão mais sujeitas e abertas às energias exteriores, por isso podem ser atingidas com maior intensidade pelos episódios de terror noturno.

O QUE É?

A parapsicologia divide as crianças em tipos específicos para determinar o que as torna especiais espiritualmente. As tipologias que vêm ganhando maior relevância na atualidade fazem menção à criança índigo e à criança cristal. Esses seres podem ser identificados a partir dos seus comportamentos e da maneira com que agem, já que são "diferentes", apresentam uma curiosidade e um temperamento acima do normal e são dotados de um alto quociente de inteligência e uma intuição altamente aguçada.

A justificativa dada para o fato de os terrores noturnos ocorrerem com uma maior frequência durante o período da noite também é simples, já que, em conformidade com Solnado (2020), durante o dia, enquanto estão acordadas, a energia das crianças se encontra ocupada com os afazeres terrenos, não havendo espaço para que a conexão com o mundo superior seja estabelecida. Além disso, o fato de a criança estar interagindo com outras pessoas faz com que sua energia seja atingida e com que a ligação com o outro mundo não ocorra.

Por outro lado, à noite a criança tem a oportunidade de descansar, relaxar e a sua energia consegue firmar a mencionada conexão. Assim, o terror se manifesta por meio de gritos, medos e reações negativas, pois a frequência e a densidade baixa geram sonhos ruins.

Mesmo que as explicações religiosas apresentadas no presente tópico não sejam entendidas como verdade absoluta nem tenham validade para todas as pessoas por sua ausência de comprovação científica, ainda é importante e interessante visualizar como as explicações religiosas podem ser dadas sobre aspectos que atingem a mente e o corpo físico do ser humano, o que mais uma vez demonstra sua relevância e importância para a humanidade, principalmente para os adeptos das religiões que fornecem explicações que se adéquem aos posicionamentos e às formas de pensar destes.

Importante salientar, ainda, que as explicações fornecidas durante esse tópico e as mais importantes quando o assunto são os terrores noturnos e sua relação com a religião, partem das crenças presentes no espiritismo.

6.4.2 Xenoglossia

A *xenoglossia* nomeia o fenômeno por meio do qual a pessoa se expressa através de um idioma estranho, sendo que a língua utilizada nessa comunicação é marcada por aspectos estranhos. Essa língua ainda não foi objeto de estudo nem de aprendizado na encarnação atual, por isso a sua ocorrência é relacionada a aspectos paranormais, sobrenaturais e metapsíquicos. Esse também é um fenômeno que possui grande parte de suas explicações derivadas do espiritismo, tendo como grande propulsor Allan Kardec (2003), que é considerado um grande nome para os espíritas.

Segundo Rodrigues (2014), o termo *xenoglossia* só existe em decorrência das comunicações mediúnicas ou da psicografia, tendo origem grega, em que *xênon* significa "estranho" e *glossa* se refere a "estrangeiro". Por essa razão, é um termo utilizado para se fazer menção à fala de idiomas que a pessoa nunca aprendeu ou que até mesmo não é utilizada na atualidade. A *xenoglossia* difere-se da *glossolalia*, uma vez que aquela se refere tanto à língua falada quanto à língua escrita, englobando tanto as línguas reais quanto aquelas existentes na atualidade ou no passado. Por sua vez, a glossolalia faz menção aos fenômenos da psiquiatria, que se manifestam por meio da linguagem em geral vinculada a questões religiosas.

Em conformidade com Kardec (2003), a xenoglossia também pode ser denominada *médiuns poliglotas*, que, por sua vez, pode ser compreendido como a aptidão de falar ou de escrever por meio de línguas desconhecidas, sendo esse um fenômeno raro. É por meio da xenoglossia que o contato com as vidas presentes nos outros planos pode ser estabelecido, seja por meio da oralidade, seja através da escrita, segundo o espiritismo.

A xenoglossia pode se manifestar de quatro formas distintas: oral, escrita, por voz direta ou por escrita direta. A xenoglossia **oral** é aquela que se manifesta pela comunicação em língua estrangeira por meio da fala; por sua vez, a ***escrita***, como o próprio nome informa, é aquela que se manifesta pela escrita, sendo que a modalidade mais conhecida dentro dessa tipologia é a psicografia. A xenoglossia por voz direta é aquela que se materializa pela voz espiritual em língua estrangeira, à medida que a escrita direta também será a materialização da mensagem escrita em língua estrangeira ou pertencente a uma outra reencarnação.

Existem diversos casos famosos que relatam a presença da xenoglossia, entre os quais estão as psicografias de Chico Xavier e o relato presente na Bíblia, ocorrido no Dia de Pentecostes.

6.4.3 Fenômenos de possessão e transe

Você já assistiu a algum filme que abordasse casos de possessão e de transe? A indústria do cinema costuma abordar esses assuntos em um cenário aterrorizante e comumente relacionado a imagens que representam o divino ou as religiões combatendo as possessões. No famoso filme *O Exorcista*, são diversas as cenas em que crucifixos surgem e o padre é um personagem essencial para a história. Todas essas são representações da religião católica que atrelam os fenômenos de possessão e transe.

Na Bíblia, livro sagrado para os Cristãos, também são vários os relatos que abordam casos e hipóteses em que a possessão ocorre, demonstrando a presença e a relação que essa temática firma com as religiões católica, evangélica, espírita, dentre outras pertencentes a esse credo.

Não é de hoje que os casos de possessão e transe chamam a atenção não só do público em geral, mas das áreas da ciência, como a psiquiatria e a psicologia, que tentam solucionar tais casos pela utilização de terapias e medicamentos, bem como de outras ferramentas científicas. Os estudos desenvolvidos pelos psiquiatras abordam os fenômenos de possessão e de transe sob quatro abordagens principais: 1) como prejudiciais à saúde mental do paciente ou por serem responsáveis por fraudar ou explorar a credulidade pública; 2) por associar a histeria aos prejuízos gerados pelo atraso cultural; 3) como promotor de benefícios para a restauração e para a manutenção da saúde, porém relacionados ao atraso cultural; e 4) não apresenta nenhum tipo de ligação nem danos para a saúde ou relacionados ao baixo nível cultural.

O estado de transe recebe várias definições, todavia, sob o ponto de vista médico e tomando como base o conceito de Lewis (1977, p. 41), trata-se de "um estado de dissociação caracterizado pela falta de movimento voluntário e frequentemente por automatismo de ato e pensamento representados pelos estados hipnótico e mediúnico". Além da palavra *transe* ter vários significados, também há uma diversidade de termos que podem ser entendidos como sinônimos dela. Assim, em conformidade com Santos Neto (2019, p. 263),

Os estudos com abordagens etnográficas privilegiam os termos populares do cotidiano dos terreiros (lugares de práticas religiosas) como: "virar no santo", "espirrar", "descer", "pegar no santo", "baixar", "estar com o nome da divindade no corpo" e outros. Os termos transe, possessão, incorporação e manifestação são usados, comumente, com a mesma carga semântica, ou seja, são sinônimos.

A utilização do termo *transe* é mais comum em ambientes acadêmicos, porém, novos estudos sobre o tema estão adotando com uma frequência cada vez maior a expressão *possessão*, ainda que alguns estudiosos não considerem a utilização desse termo correta. Todavia, essas duas palavras não costumam ser utilizadas pela comunidade religiosa no geral, por exemplo, tendo como base os argumentos apresentados por Santos Neto (2019, p. 263): "a comunidade de terreiro utiliza os termos mais populares 'baixar', 'virar no santo', 'receber'", enquanto a acadêmica rejeita esses termos como corretos.

A possessão também é enquadrada como uma categoria patológica dos quadros de Transtorno Dissociativo de Identidade, constantes, conforme Delmonte e Farias (2017), no Manual Diagnóstico e Estatístico (DSM 5), visto que são caracterizados pela perturbação e/ou a descontinuidade da integração normal da consciência, podendo também afetar a memória, a consciência, a identidade, a emoção, a percepção, a representação corporal, o controle motor e as questões comportamentais. Segundo Delmonte e Farias (2017, p. 245):

> O Manual esclarece que a maioria dos estados de possessão ocorrem como parte de práticas aceitas culturais/espirituais e não inclui sofrimento clínico. Contudo, apesar dessa distinção genérica entre a possessão enquanto fenômeno cultural não patológico e a possessão enquanto patologia, o Manual, ainda assim, não

oferece detalhes que possibilitem ao clínico fazer um diagnóstico acurado, e menos ainda, recursos para um tratamento adequado.

Os assuntos acerca da religião são dotados de uma grande importância não só no sentido de ampliar os seus conhecimentos como aluno, mas também como campo de discussão das temáticas que se relacionem com esse tema, a nível mundial e nacional. O Brasil é um país conhecido pela sua diversidade, inclusive no campo que envolve a sua população. Desde o processo de colonização do nosso território, a diversidade de povos se fez presente, o que proporciona consequências à vida dos brasileiros até os dias atuais. Ainda que o Brasil possua uma religião predominante e que crimes de intolerância religiosa ainda sejam praticados, temos um sistema jurídico que assegura o livre exercício de crença.

Um país em que há uma riqueza religiosa, marcado pela presença de católicos, protestantes, espíritas, religiões afro-brasileiras, dentre tantas outras, o estudo da religião se faz importante, bem como a compreensão dos impactos que ela pode proporcionar aos comportamentos humanos e do que tudo isso significa e indica para o campo da psicologia.

SÍNTESE

Neste capítulo, pudemos chegar às seguintes conclusões:
- A neuropsicologia vincula a neurologia e a psicologia a fim de traçar relações entre o cérebro físico e o comportamento das pessoas.
- A neuropsicologia é uma especialização da psicologia que tem duração mínima de dois anos. Também é possível que psicólogos atuem como neuropsicólogos após cincos anos mínimos de atendimento na área ou, ainda, mediante aprovação em

concurso público de provas e títulos, sendo necessário que o profissional já esteja inscrito no CFP por, pelo menos, dois anos.
- A Resolução n. 002/2004 do CFP reconhece a neuropsicologia como uma especialidade da psicologia, tendo em vista a concessão e o registro do título de especialista para os profissionais da psicologia.
- A psicologia social da religião se concentra na relação e nas distinções entre a religião e a religiosidade, tendo como principal objetivo detalhar os comportamentos religiosos e explorar cada um de seus significados, bem como a relação de tais comportamentos com os demais fenômenos humanos e como a psicologia se relaciona e/ou estuda os impactos promovidos pelos comportamentos mencionados;
- Psicologia social é uma especialização da psicologia, regulada pela Resolução n. 13/2003;
- A personalidade humana pode tanto influenciar quanto ser influenciada pelos critérios advindos da religião, da religiosidade e da espiritualidade, já que esses também podem estar associados aos traços e aos motivos formadores e modificadores da personalidade;
- A religião é responsável por explicar fenômenos que até mesmo o meio científico não possui formas de expressar e justificar as suas ocorrências. Ainda que não sejam métodos comprovados, são dotados de validade dentro da religião em questão e para os adeptos dessa crença;
- A *xenoglossia* é um termo utilizado para fazer menção a um suposto dom espiritual em que as pessoas falam idiomas estranhos e desconhecidos sem ter essa habilidade. É a faculdade mediante a qual as pessoas falam por meio de idiomas conhecidos e desconhecidos, presentes nessa encarnação ou em outras.

CONSIDERAÇÕES FINAIS

Iniciamos nossa jornada pela psicologia da religião investigando os aspectos gerais da história da religião até os dias atuais. Em seguida, exploramos brevemente a história da psicologia, área que passou por diversas modificações, sobretudo quanto a seu *status*, tendo sido reconhecida como pertencente ao campo da ciência e não mais da filosofia. Após discutirmos a história dessas duas áreas, estabelecemos uma relação entre ambas para que, em seguida, pudéssemos compreender o surgimento da psicologia da religião.

Na sequência, vimos os principais conceitos e características da religião e da psicologia. Tratamos a religião sob o ponto de vista dos fenômenos históricos, linguísticos e sociais, sem esquecer, porém, do domínio individual, no qual a influência da religião pode alcançar a cura de doenças mentais ou físicas. Também esclarecemos as principais dúvidas e confusões que giram em torno das distinções sobre religião, religiosidade e espiritualidade. Procedemos, assim, com um estudo mais aprofundado da religiosidade, analisando quais são os impactos da espiritualidade na qualidade de vida e na saúde mental das pessoas, de modo a apreender os aspectos gerais acerca de atuação da psicologia da religião (definições, características, aspectos positivos e negativos).

Posteriormente, questões importantes para a psicologia e para a religião foram colocadas em pauta, como a identidade entre os fenômenos psíquico e religioso, bem como temáticas referentes à motivação e à experiência religiosa, momento em que tratamos da conversão e da adesão religiosas. Além disso, discutimos a regulamentação prevista pelo Conselho Federal de Psicologia (CFP) e pelos Conselhos Regionais de Psicologia (CRPs) para a abordagem profissional da questão da espiritualidade e da religiosidade. Também vimos os diferentes conceitos de laicidade, identificando as particularidades do contexto brasileiro e suas implicações para a atuação em psicologia.

Por fim, versamos sobre a presença da religião e da psicologia no cotidiano, enfatizando especializações como a neuropsicologia e a psicologia social da religião, bem como a possível relação entre religião e personalidade. Finalizamos com os fenômenos religiosos contemporâneos e o tratamento de distúrbios como xenoglossia (falar em línguas desconhecidas), terror noturno (demônio da meia noite), fenômenos de possessão e transe.

Assim, a atuação profissional do psicólogo norteou nosso debate do início ao fim. Esperamos que, com isso, tenhamos orientado o estudante e/ou profissional que aqui nos lê em sua prática reflexiva sobre a implicação da religiosidade na vida psíquica do ser humano.

ESTUDO DE CASO

TEXTO INTRODUTÓRIO

Uma psicóloga atende um paciente religioso e precisa decidir a abordagem do tratamento dispensado, mas está em dúvida se deve e se pode utilizar a religião como ferramenta na aplicação de um atendimento benéfico e efetivo para o paciente. Tal situação deve ser analisada com base no contexto e conteúdos estudados no decorrer do livro. O desafio está em pensar acerca do papel da psicóloga ante a presença da religião em seu atendimento profissional.

TEXTO DO CASO

Letícia é uma jovem e recém-formada psicóloga que sonha em desempenhar sua função profissional com excelência. Para tanto, está constantemente se atualizando acerca de sua profissão a fim de prestar um melhor atendimento a seus pacientes, mas algumas dúvidas ainda a afligem diante de atendimentos mais complexos.

Mariana está passando por certas dificuldades em sua vida, tendo de enfrentar grandes pressões familiares e questionando-se diariamente acerca de suas escolhas. Recentemente, ingressou na graduação em Engenharia Civil, porém descobriu que o curso não era o que imaginava e está com receio de seguir em frente, contudo também a apavora a ideia de contar a seus pais sobre essa incerteza. Diante disso, Mariana vem sentindo dores no peito, falta de ar, agitação, altos níveis de estresse e apreensão. Uma de suas amigas mais próximas recomendou que ela procurasse um psicólogo para que todas essas questões fossem solucionadas.

Apesar de certa resistência inicial, Mariana decidiu ouvir a amiga e ir a uma consulta de psicologia.

No primeiro encontro, ao responder aos questionamentos realizados por Letícia, Mariana revelou que, embora ultimamente esteja tendo dificuldade em estabelecer um contato com o divino, frequentar a igreja e ir a eventos católicos são o que vêm trazendo um pouco de tranquilidade para ela. Letícia, ainda que pondere sobre a complexidade do assunto religião, acredita que essa abordagem possa ser útil no tratamento de Mariana, contudo tem dúvidas acerca da maneira pela qual pode abordar essa temática em seu tratamento, principalmente pelo fato de adotar a religião espírita, diferentemente de Mariana, que é católica.

Desta feita, reflita sobre a situação enfrentada por Letícia, analisando como a religião pode ou não estar inserida dentro de atendimentos como profissional de psicologia. Apresente sugestões sobre qual deve ser o posicionamento adotado por Letícia ante essa situação.

Resolução

A religião, de suma importância para a vida humana, pois se faz presente na vida dos seres vivos desde os primórdios, regulando grande parte das relações humanas, não é um tema pouco complexo nem histórica nem psicologicamente, por isso deve ser discutido com cautela.

No âmbito da psicologia, a religião não pode promover interferências, já que ciência e religião são campos do saber distintos, porém isso não significa que ambas não possam se relacionar. O pensamento de Letícia de, por meio da religião, prestar um serviço de melhor qualidade à saúde mental de Mariana é válido, contudo, a psicóloga não deve confundir suas crenças particulares com o tratamento ora em curso, em conformidade com a diretriz de se manter o mais imparcial possível. Em primeiro lugar, Letícia deve fazer a identificação da importância que a religião tem para Mariana sem ser invasiva e sem deixar sua paciente desconfortável com essa situação. Cabe à psicóloga assegurar a liberdade de Mariana quanto à sua crença, tendo em vista o disposto na Constituição Federal de 1988 e no Código de Ética Profissional do Psicólogo. Cumpre ainda destacar que o Conselho Federal de Psicologia (CFP), ao dispor sobre a relação entre psicologia e religiosidade no desempenho das funções, assevera que psicólogos que exerçam sua profissão declarando quais são suas crenças religiosas particulares estão ferindo a disposição presente na Lei Maior brasileira de 1988.

Em resumo, Letícia pode utilizar a religião como instrumento no atendimento de Mariana desde que os limites razoáveis e a imparcialidade sejam atendidos da maneira adequada e correta, de modo a gerar benefícios reais para a paciente e para o atendimento como um todo, respeitando critérios legais e normativos.

Dica 1
Em decorrência das frequentes polêmicas envolvendo a presença da religião no atendimento psicológico, o CFP decidiu prestar esclarecimentos sobre o tema por meio de uma nota pública. Recomendamos a leitura da nota na íntegra, refletindo sobre o posicionamento do CFP e as dúvidas apresentadas por Letícia no caso proposto.

CFP – Conselho Federal de Psicologia. Posicionamento do Sistema Conselhos de Psicologia para a questão da psicologia, religião e espiritualidade. In: APAF – ASSEMBLEIA DE POLÍTICAS, DA ADMINISTRAÇÃO E DAS FINANÇAS, maio 2013. Disponível em: <https://site.cfp.org.br/wp-content/uploads/2014/06/Texto-aprovado-na-APAF-maio-de-2013-Posicionamento-do-Sistema-Conselhos-de-Psicologia-para-a-quest%C3%A3o-da-Psicologia-Religi%C3%A3o-e-Espiritualidade-8-2.pdf>. Acesso em: 2 jun. 2021.

Dica 2
O vídeo apresentado pela psicóloga Ana Cavalcante demonstra, por meio do código de ética da psicologia, a atitude que os psicólogos devem adotar com seus pacientes quando o assunto é a prática religiosa.

O PSICÓLOGO e a Religião. 1º ago. 2018. Disponível em: <https://www.youtube.com/watch?v=zYEkfu3dEcc>. Acesso em: 2 jun. 2021.

Dica 3
É comum confundir os termos *espiritualidade*, *religiosidade* e *religião*, assim, a fim de esclarecer tais definições, assista ao vídeo a seguir.

CANAL GNT. 'A religiosidade não é espiritualidade', diz Padre Fábio de Mello – Tema da Semana. **Saia justa.** Disponível em: <https://www.youtube.com/watch?v=Uam6pjX-NkE>. Acesso em: 2 jun. 2021.

REFERÊNCIAS

AGUIAR, F. Método clínico: método clínico? **Psicologia – Reflexão e Crítica**, v. 14, n. 3, p. 609-616, 2001. Disponível em: <https://bit.ly/2OtH3Zy>. Acesso em: 2 jun. 2021.

ALMINHANA, L. O.; MOREIRA-ALMEIDA, A. Personalidade e religiosidade/espiritualidade (R/E). **Revista de Psiquiatria Clínica**, São Paulo, v. 36, n. 4, p. 153-161, 2009. Disponível em: <https://bit.ly/375aTtQ>. Acesso em: 2 jun. 2021.

ALVARADO, C. S. Fenômenos psíquicos e o problema mente-corpo: notas históricas sobre uma tradição conceitual negligenciada. **Revista de Psiquiatria Clínica**, São Paulo, v. 40, n. 4, p. 157-161, 2013. Disponível em: <https://bit.ly/2Oo0BhL>. Acesso em: 2 jun. 2021.

ALVES, R. **Religião e repressão**. São Paulo: Loyola, 2005.

ANCONA-LOPEZ, M. Psicologia e religião: recursos para construção do conhecimento. **Revista Estudos de Psicologia**, Campinas, v. 19, n. 2, p. 78-85, maio/ago. 2002. Disponível em: <https://www.scielo.br/j/estpsi/a/3bwpqw7SL47NDhfygmJC84m/?format=pdf&lang=pt>. Acesso em: 26 maio 2021.

AZEVEDO, T. História e origem da ciência da psicologia. **Psicoativo**, 8 jun. 2016. Disponível em: <https://psicoativo.com/2016/06/historia-e-origem-da-ciencia-da-psicologia.html>. Acesso em: 11 maio 2021.

AZEVEDO, T. Método experimental na psicologia. **Psicoativo**, 7 abr. 2017. Disponível em: <https://bit.ly/2Z4NfJl>. Acesso em: 2 jun. 2021.

BARROS, E. M. da R. Método psicanalítico. **Ciência e Cultura**, São Paulo, v. 56, n. 4, p. 22-25, out./dez. 2004. Disponível em: <https://bit.ly/3qflDgH>. Acesso em: 2 jun. 2021.

BATTISTELLI, J. **Psicologia**: o que é, para que serve e como surgiu? 7 maio 2018. Disponível em: <https://bit.ly/2MY8F8L>. Acesso em: 25 maio 2021.

BELLOTTI, K. K. História das religiões: conceitos e debates na era contemporânea. **História – Questões & Debates**, Curitiba, n. 55, p. 13-42, jul./dez. 2011. Disponível em: <https://revistas.ufpr.br/historia/article/view/26526/17686>. Acesso em: 10 maio 2021.

BERNARDI, C. J.; CASTILHO, M. A. de. A religiosidade como elemento do desenvolvimento humano. **Interações**, Campo Grande, v. 17, n. 4, p. 745-756, out./dez. 2016. Disponível em: <https://bit.ly/3aWU4m0>. Acesso em: 2 jun. 2021.

BEZERRA, J. **Ateísmo**. Disponível em: <https://bit.ly/3p5AvNi>. Acesso em: 2 jun. 2021a.

BEZERRA, J. **Criacionismo e evolucionismo**. Disponível em: <https://bit.ly/3phVUDe>. Acesso em: 1º jun. 2021b.

BOBSIN, O. Fenômeno religioso e suas linguagens: revisitando conceitos elementares. **Protestantismo em Revista**, São Leopoldo, v. 26, set-dez. 2011. Disponível em: <http://periodicos.est.edu.br/index.php/nepp/article/view/248/261>. Acesso em: 2 jun. 2021.

BOCK, A. M. B. Formação do psicólogo: um debate a partir do significado do fenômeno psicológico. **Psicologia – Ciência e Profissão**, v. 17, n. 2, p. 37-42, 1997. Disponível em: <https://bit.ly/374HVKC>. Acesso em: 2 jun. 2021.

BRASIL. Constituição (1988). **Diário Oficial da União**, Brasília, DF, 5 out. 1988. Disponível em: <http://www.planalto.gov.br/ccivil_03/constituicao/constituicao.htm>. Acesso em: 26 maio 2021.

BRASIL. Decreto-Lei n. 2.848, de 7 de dezembro de 1940. **Diário Oficial da União**, Poder Executivo, Brasília, DF, 31 dez. 1940. Disponível em: <http://www.planalto.gov.br/ccivil_03/decreto-lei/del2848.htm>. Acesso em: 2 jun. 2021.

BRASIL. Lei n. 4.119, de 27 de agosto de 1962. **Diário Oficial da União**, Poder Legislativo, Brasília, DF, 5 set. 1962. Disponível em: <https://bit.ly/3qd81me>. Acesso em: 14 jun. 2021.

BRASIL. Lei n. 5.766, de 20 de dezembro de 1971. **Diário Oficial da União**, Poder Legislativo, Brasília, DF, 20 dez. 1971. Disponível em: <https://bit.ly/2MV3LcA>. Acesso em: 2 jun. 2021.

BRASIL. Lei n. 7.716, de 5 de janeiro de 1989. **Diário Oficial da União**, Poder Legislativo, Brasília, DF, 6 jan. 1989. Disponível em: <http://www.planalto.gov.br/ccivil_03/leis/l7716.htm>. Acesso em: 2 jun. 2021.

BRASIL. Lei n. 9.459, de 13 maio de 1997. **Diário Oficial da União**, Poder Legislativo, Brasília, DF, 14 maio 1997. Disponível em: <http://www.planalto.gov.br/ccivil_03/leis/L9459.htm#art1>. Acesso em: 2 jun. 2021.

BROTTO, T. **A espiritualidade ajuda na saúde mental**. 11 jun. 2020. Disponível em: <https://bit.ly/373yU4C>. Acesso em: 2 jun. 2021.

BZUNECK, J. A. A motivação do aluno: aspectos introdutórios. In: BORUCHOVITCH, E.; BZUNECK, J. A. (Org.). **A motivação do aluno**: contribuições da psicologia contemporânea. 3. ed. Petrópolis: Vozes, 2004. p. 9-36.

CARDINALLI, I. E. et al. Algumas formas de atendimento psicoterápico na abordagem fenomenológica-existencial. **Boletim Clínico**, n. 15, jun. 2003. Disponível em: <https://bit.ly/2Z7TmwQ>. Acesso em: 2 jun. 2021.

CARNIER, A. O que é neuropsicologia? Os segredos entre o cérebro e o comportamento. **Saúde interior**. Disponível em: <https://bit.ly/3d4QuJg>. Acesso em: 2 jun. 2021.

CATALAN, J. -F. **O homem e sua religião**: enfoque psicológico. São Paulo: Paulinas, 1999.

CERQUEIRA-SANTOS, E.; KOLLER, S. H.; PEREIRA, M. T. L. N. Religião, saúde e cura: um estudo entre neopentecostais. **Psicologia, Ciência e Profissão**, v. 24, n. 3, p. 82-91, set. 2004. Disponível em: <https://www.scielo.br/j/pcp/a/W9VnTqwrWpd5mFsMys8ch3c/abstract/?lang=pt>. Acesso em: 2 jun. 2021.

CERTEAU, M. de. **A escrita da História**. Rio de Janeiro: Forense Universitária, 2002.

CFP – Conselho Federal de Psicologia. **Código de Ética Profissional do Psicólogo**, Brasília, 21 jul. 2005. Disponível em: <https://bit.ly/3rNTVYV>. Acesso em: 26 maio 2021.

CFP – Conselho Federal de Psicologia. **Nota Pública do CFP de esclarecimento à sociedade e às(o) psicólogas(o) sobre psicologia e religiosidade no exercício profissional.** 28 fev. 2012. Disponível em: <https://bit.ly/3tIWIV7>. Acesso em: 26 maio 2021.

CFP – Conselho Federal de Psicologia. Posicionamento do Sistema Conselhos de Psicologia para a questão da psicologia, religião e espiritualidade. In: APAF – ASSEMBLEIA DE POLÍTICAS, DA ADMINISTRAÇÃO E DAS FINANÇAS, maio 2013. Disponível em: <https://site.cfp.org.br/documentos/posicionamento-do-sistema-conselhos-de-psicologia-para-a-questao-da-psicologia-religiao-e-espiritualidade/>. Acesso em: 2 jun. 2021.

CFP – Conselho Federal de Psicologia. Resolução n. 002, de 3 de março de 2004. **Diário Oficial da União**, Brasília, DF, 5 mar. 2004. Disponível em: <https://bit.ly/3rPD87T>. Acesso em: 2 jun. 2021.

CFP – Conselho Federal de Psicologia. Resolução n. 5, de 14 de junho de 2003. **Diário Oficial da União**, Brasília, DF, 20 jun. 2003. Disponível em: <https://bit.ly/3qgioWc>. Acesso em: 2 jun. 2021.

CFP – Conselho Federal de Psicologia. Resolução n. 13, de 14 de setembro de 2007. **Diário Oficial da União**, Brasília, DF, 19 set. 2007. Disponível em: <https://bit.ly/3a9OUFE>. Acesso em: 2 jun. 2021.

CHAVES, A. M. O fenômeno psicológico como objeto de estudo transdisciplinar. **Psicologia – Reflexão e Crítica**, v. 13, n. 1, p. 159-165, 2000. Disponível em: <https://bit.ly/2OviBab>. Acesso em: 2 jun. 2021.

COLIATH, A. **Terror noturno**. Disponível em: <https://bit.ly/3d4QFEq>. Acesso em: 2 jun. 2021.

COELHO, C. **As 10 maiores religiões do mundo**. 30 abr. 2020. Disponível em: <https://bit.ly/3rOSKbL>. Acesso em: 2 jun. 2021.

COSTA, J. de F. **Breve história das religiões**. (Recolha da obra de Jostein Gaader). Disponível em: <https://bit.ly/3qdhgmf>. Acesso em: 2 jun. 2021.

DAY, H.; JANKEY, S. G. Lessons from the Literature: Toward a Holistic Model of Quality of Life. In: RENWICK, R.; BROWN, I.; NAGLER, M. (Ed.). **Quality of Life in Health Promotion and Rehabilitation**: Conceptual Approaches, Issues, and Applications. Thousand Oaks: Sage, 1996. p. 39-50.

DEDERT E. A. et al. Religiosity May Help Preserve the Cortisol Rhythm in Women with Stress-Related Illness. **International Journal Psychiatry in Medicine**, v. 34, n. 1, p. 61-77, 2004.

DEGANI-CARNEIRO, F.; JACÓ-VILELA, A. M. Religião na história da psicologia no Brasil: o caso do protestantismo. **Diaphora**, v. 1, n. 1, p. 70-79, jan./jul. 2012. Disponível em: <http://www.sprgs.org.br/diaphora/ojs/index.php/diaphora/article/view/49/49>. Acesso em: 10 maio 2021.

DELMONTE, R.; FARIAS, M. A mente brasileira em estado de possessão: contribuição de um estudo de caso para a psicologia da religião e saúde mental no Brasil. **Revista Pistis & Praxis, Teologia e Pastoral**, Curitiba, v. 9, n. 1, p. 243-256, jan./abr. 2017. Disponível em: <https://periodicos.pucpr.br/index.php/pistispraxis/article/view/7169/7049>. Acesso em: 2 jun. 2021.

DELVAL, J. **Introdução à prática do método clínico**: descobrindo o pensamento da criança. Tradução de Fátima Murad. Porto Alegre: Artmed, 2002.

DIANA, D. **Deus Afrodite**. Disponível em: <https://bit.ly/2NlshTS>. Acesso em: 2 jun. 2021.

DIAS, E. N. **Religiosidade e fatores associados**: um estudo com residentes na cidade de Itajubá, Minas Gerais. 71 f. Dissertação (Mestrado em Ciências da Saúde) – Universidade de São Paulo, São Paulo, 2012. Disponível em: <https://bit.ly/3tQWjjd>. Acesso em: 2 jun. 2021.

DIAS, J. C. T. Perspectivas da psicologia da religião. **Revista Caminhando**, v. 22, n. 2, p. 97-115, jul./dez. 2017. Disponível em: <https://www.metodista.br/revistas/revistas-ims/index.php/Caminhando/article/view/7928/6084>. Acesso em: 2 jun. 2021.

DINIZ, M. O método clínico e sua utilização na pesquisa. **Revista Espaço Acadêmico**, n. 120, p. 9-21. Disponível em: <https://www.repositorio.ufop.br/bitstream/123456789/4800/1/ARTIGO_M%C3%A9todoCl%C3%ADnicoUtiliza%C3%A7%C3%A3o.pdf>. Acesso em: 2 jun. 2021.

DURKHEIM, E. **As formas elementares da vida religiosa**. Tradução de Joaquim Pereira Neto. São Paulo: Paulinas, 1989.

ELIADE, M. **O sagrado e o profano**: a essência das religiões. São Paulo: M. Fontes, 2008.

ELIAS, A. M. A. **Valores sociais e dimensões de personalidade**: uma relação possível? 54 f. Dissertação (Mestrado em Psicologia Social e das Organizações) – Instituto Universitário de Lisboa, Lisboa, 2010. Disponível em: <https://bit.ly/2OxinQl>. Acesso em: 2 jun. 2021.

ENRICONI, L. A liberdade religiosa no Brasil. **Politize!**, 11 set. 2017. Disponível em: <https://bit.ly/3tQQbra>. Acesso em: 2 jun. 2021.

FIGUEIRA, E. A. P. Experiência religiosa e experiência humana no séc. XXI: construção de chaves de leitura apara estudo do fato religioso. **Revista Nures**, n. 7, set./dez. 2007. Disponível em: <https://bit.ly/2LMzUCI>. Acesso em: 2 jun. 2021.

FORNAZARI, S. A.; FERREIRA, R. El R. Religiosidade/espiritualidade em pacientes oncológicos: qualidade de vida e saúde. **Psicologia – Teoria e Pesquisa**, v. 26, n. 2, p. 265-272, abr./jun. 2010. Disponível em: <https://bit.ly/373GA6M>. Acesso em: 2 jun. 2021.

FREITAS, D. de; HOLANDA, A. F. Conversão religiosa: buscando significados na religião. **Gerais – Revista Interinstitucional de Psicologia**, v. 7, n. 1, p. 93-105, jan./jun. 2014. Disponível em: <http://pepsic.bvsalud.org/pdf/gerais/v7n1/v7n1a09.pdf>. Acesso em: 2 jun. 2021.

GAARDER, J.; HELLERN, V.; NOTAKER, H. **O livro das religiões**. Tradução de Isa Mara Lando. São Paulo: Companhia das Letras, 2000.

GALÁN, U. A. Scientology: uma religião verdadeira. **Scientology**, jun. 1966. Disponível em: <https://bit.ly/3a8mOsz>. Acesso em: 26 maio 2021.

GOMES, A. M. de A. Um estudo sobre a conversão religiosa no protestantismo histórico e na psicologia social da religião. **Ciências da Religião – História e Sociedade**, v. 9, n. 2, p. 148-174, 2011. Disponível em: <http://editorarevistas.mackenzie.br/index.php/cr/article/view/3341>. Acesso em: 2 jun. 2021.

GOMES DE DEUS, P. R. **As influências do sentimento religioso sobre o cristão portador de depressão**. 147 f. Dissertação (Mestrado em Ciências da Religião) – Universidade Presbiteriana Mackenzie, São Paulo, 2008. Disponível em: <https://bit.ly/3qehr0F>. Acesso em: 2 jun. 2021.

GOMES, N. S.; FARINA, M.; DAL FORNO, C. Espiritualidade, religiosidade e religião: reflexão de conceitos em artigos psicológicos. **Revista de Psicologia da IMED**, v. 6, n. 2, p. 107-112, jul./dez. 2014. Disponível em: <https://seer.imed.edu.br/index.php/revistapsico/article/view/589/484>. Acesso em: 2 jun. 2021.

GOMES, W. B. **História da psicologia**: introdução ao estudo de história da psicologia. Aula. Disponível em: <https://bit.ly/3qdWqmN>. Acesso em: 11 maio 2021.

HACK, O. H. Ciências divinas e ciências da religião: uma experiência no contexto histórico mackenzista. **Ciências da Religião – História e Sociedade**, São Paulo, v. 1, n. 1, p. 13-28, 2003. Disponível em: <http://editorarevistas.mackenzie.br/index.php/cr/article/view/2350>. Acesso em: 26 maio 2021.

HARDY, D. S. Radical Reductionism in the Psychological Study of Religion: Prospects for an Alternative Critical Methodology. ANNUAL MEETING OF THE INTERNATIONAL ASSOCIATION FOR THE PSYCHOLOGY OF RELIGION, Soesterberg, Netherlands, set. 2001.

HARZEM, P.; MILES, T. R. **Conceptual Issues in Operant Psychology**. Inglaterra: Wiley, 1978.

HENNING, M. C.; MORÉ, C. L. O. O. Religião e psicologia: análise das interfaces temáticas. **Revista de Estudos da Religião**, São Paulo, ano 9, dez. 2009. Disponível em: <https://bit.ly/3a8hYLW>. Acesso em: 26 maio 2021.

HERVIEU-LÉGER, D. **O peregrino e o convertido**: a religião em movimento. Petrópolis: Vozes, 2008.

HOLANDA, A. Os conselhos de psicologia, a formação e o exercício profissional. **Psicologia – Ciência e Profissão**, v. 17, n. 1, p. 3-13, 1997. Disponível em: <https://bit.ly/3aaXnXC>. Acesso em: 2 jun. 2021.

JAMES, W. **As variedades da experiência religiosa**: um estudo sobre a natureza humana. Tradução de Octavio Mendes Cajado. São Paulo: Cultrix, 1995.

JEEVES, M. Psicologia e neurologia da religião: sobre fatos, falácias e futuro. Tradução de Pedro Silva. **Associação Brasileira Cristãos na Ciência**, 25 mar. 2019. Disponível em: <https://bit.ly/3aY06Tg>. Acesso em: 2 jun. 2021.

KARDEC, A. **O livros dos médiuns ou, Guia dos médiuns e dos evocadores**: espiritismo experimental. 71. ed. Tradução de Guillon Ribeiro. Rio de Janeiro: Federação Espírita Brasileira, 2003. Disponível em: <https://bit.ly/3b07rC1>. Acesso em: 2 jun. 2021.

KELLER, F. S.; SCHOENFELD, W. N. **Principles of Psychology**. New York: Applenton-Century-Crofts, 1950.

LANDIN, P. Você sabe o que é a neuropsicologia? **Blog Ipog**, 31 ago. 2018. Disponível em: <https://bit.ly/2Z7HnPD>. Acesso em: 2 jun. 2021.

LEMLE, M. Fenômenos psíquicos/espirituais: tabu científico há 200 anos. **Scielo em Perspectiva – Humanas**, 26 out 2016. Disponível em: <https://bit.ly/2Ot99UN>. Acesso em: 2 jun. 2021.

LÉVY, A. **Ciências clínicas e organizações sociais**: sentido e crise do sentido. Belo Horizonte: Autêntica; Fumec, 2001.

LEWIS, I. M. Êxtase religioso. Tradução de José Rubens Siqueira de Madureira. São Paulo: Perspectiva, 1977.

LIMA, M. 322 milhões de pessoas no mundo sofrem com depressão, segundo OMS. **Observatório do Terceiro Setor**, 2 maio 2019. Disponível em: <https://bit.ly/3afsktP>. Acesso em: 2 jun. 2021.

LINS, M. et al. Uma abordagem constitucional sobre liberdade de expressão religiosa e o discurso do ódio. **Jus.com.br**, nov. 2016. Disponível em: <https://bit.ly/3aaIK6E>. Acesso em: 2 jun. 2021.

LOPES, L. M. O panteísmo na história da filosofia. **Revista Brasileira de Filosofia da Religião**, Brasília, v. 3, n. 2, p. 103-124, dez. 2016. Disponível em: <https://bit.ly/3ablDcc>. Acesso em: 1º junho 2021.

LUCCHETTI, G. et al. Espiritualidade na prática clínica: o que o clínico deve saber? **Revista da Sociedade Brasileira de Clínica Médica**, v. 8, n. 2, p. 154-158, 2010. Disponível em: <https://bit.ly/3jGXjlC>. Acesso em: 2 jun. 2021.

LURIA, A. R. **Fundamentos de neuropsicologia**. Tradução de Juarez Aranha Ricardo. Rio de Janeiro: LTC; São Paulo: Edusp, 1981.

MARIANO, R. **Análise sociológica do crescimento pentecostal no Brasil**. Tese (Doutorado em Sociologia) – Universidade de São Paulo, São Paulo, 2001.

MATA, S. da. **História e religião**. Belo Horizonte: Autêntica, 2010.

MCCRAE, R. R.; COSTA JR., P. T. Personality Trait Structure as a Human Universal. **American Psychologist**, v. 52, n. 5, p. 509-516, 1997.

MELO, C. de F. et al. Correlação entre religiosidade, espiritualidade e qualidade de vida: uma revisão de literatura. **Estudos e Pesquisas em Psicologia**, Rio de Janeiro, v. 15, n. 2, p. 447-464, jan./jul. 2015. Disponível em: <https://bit.ly/3aazCin>. Acesso em: 2 jun. 2021.

MILCHEVSKI, T. H. **O fenômeno religioso**. Disponível em: <https://bit.ly/3aUjuAL>. Acesso em: 2 jun. 2021.

MONTE, T. M. de C. C. A religiosidade e sua função social. **Revista Inter-Legere**, n. 5 (Reflexões), jul./dez. 2009. Disponível em: <https://bit.ly/3qgmo9i>. Acesso em: 1º jun. 2021.

MURAKAMI, R.; CAMPOS C. J. G. Religião e saúde mental: desafio de integrar a religiosidade ao cuidado com o paciente. **Revista Brasileira de Enfermagem**, v. 65, n. 2, p. 361-367, mar./abr. 2012. Disponível em: <https://bit.ly/3d1Odyk>. Acesso em: 2 jun. 2021.

NOBRE, M. R. C. Qualidade de vida. **Arquivos Brasileiros de Cardiologia**, v. 64, n. 4, p. 299-300, 1995. Disponível em: <http://www.arquivosonline.com.br/pesquisartigos/Pdfs/1995/v64N4/64040002.pdf>. Acesso em: 2 jun. 2021.

NUNES, T. R. Situação do fenômeno religioso contemporâneo. **Psychê – Revista de Psicanálise**, São Paulo, v. 12, n. 23, dez. 2008. Disponível em: <https://bit.ly/3acALpm>. Acesso em: 2 jun. 2021.

OLIVEIRA, M. R. de; JUNGES, J. R. Saúde mental e espiritualidade/religiosidade: a visão de psicólogos. **Estudos de Psicologia**, v. 17, n. 3, p. 469-476, set./dez. 2012. Disponível em: <https://bit.ly/3rIBAfQ>. Acesso em: 2 jun. 2021.

ORO, A. P. A laicidade no Brasil e no Ocidente: algumas considerações. **Civitas**, Porto Alegre, v. 11, n. 2, p. 221-237, maio/ago. 2011. Disponível em: <https://bit.ly/2NiumQM>. Acesso em: 2 jun. 2021.

OTTO, R. **O sagrado**. Lisboa: Edições 70, 2005.

PAIVA, G. J. de. Ciência, religião, psicologia: conhecimento e comportamento. **Psicologia - Reflexão e Crítica**, v. 15, n. 3, p. 561-567, 2002a. Disponível em: <https://www.scielo.br/j/prc/a/g9MyN6hKHSyggygvc7vWrHr/?lang=pt>. Acesso em: 26 maio 2021.

PAIVA, G. J. de. Perder e recuperar a alma: tendências recentes na psicologia social da religião norte-americana e europeia. **Psicologia – Teoria e Pesquisa**, Brasília, v. 18, n. 2, p. 173-178, maio/ago. 2002b. Disponível em: <https://www.scielo.br/j/ptp/a/4KFyFrYRYptvph3ZQBLjkGx/?lang=pt>. Acesso em: 26 maio 2021.

PAIVA, G. J. de. Psicologia da Religião: natureza, história e pesquisa. **Numen – Revista de Estudos e Pesquisa da Religião**, Juiz de Fora, v. 21, n. 2, p. 9-31, jul./dez. 2018. Disponível em: <https://periodicos.ufjf.br/index.php/numen/article/view/25611>. Acesso em: 2 jun. 2021.

PAIVA, G. J. de. Teorias contemporâneas da psicologia da religião. In: PASSOS, J. D.; USARSKI, F. (Org.). **Compêndio de ciência da religião**. São Paulo: Paulinas; Paulus, 2013. p. 347-366.

PANZINI, R. G. et al. Qualidade de vida e espiritualidade. **Revista de Psiquiatria Clínica**, São Paulo, v. 34, supl. 1, p. 105-115, 2007. Disponível em: <https://www.scielo.br/j/rpc/a/BwhXyQkp9yCL38fJ9g6pdFf/?lang=pt&format=pdf>. Acesso em: 2 jun. 2021.

PEREIRA, D. R. **Reflexões sobre o método clínico-crítico piagetiano**: teoria e prática. 2014. Disponível em: <https://bit.ly/2LEZ2uU>. Acesso em: 11 fev. 2021.

PIETRUKOWICZ, M. C. L. C. **Apoio social e religião**: uma forma de enfrentamento dos problemas de saúde. 129 f. Dissertação (Mestrado em Saúde Pública) – Fundação Oswaldo Cruz, Rio de Janeiro, 2001. Disponível em: <https://bit.ly/3abVObM>. Acesso em: 2 jun. 2021.

PINTO, E. B. Espiritualidade e religiosidade: articulações. **Revista de Estudos da Religião**, ano 9, p. 68-83, dez. 2009. Disponível em: <https://www.pucsp.br/rever/rv4_2009/t_brito.pdf>. Acesso em: 2 jun. 2021.

PINTO, P. M. Linguagem e religião: um jogo, de racionalidade, de identidade, de fundamentos. **Revista de Estudos da Religião**, n. 4, p. 81-98, 2002. Disponível em: <https://www.pucsp.br/rever/rv4_2002/p_pinto.pdf>. Acesso em: 2 jun. 2021.

PRADO, A. P. do; SILVA JÚNIOR, A. M. da. História das religiões, história religiosa e ciência da religião em perspectiva: trajetórias, métodos e distinções. **Religare**, v. 11, n. 1, p. 4-31, mar. 2014. Disponível em: <https://periodicos.ufpb.br/index.php/religare/article/view/22191/12285>. Acesso em: 10 maio 2021.

RODRIGUES, A. P. A xenoglossia na doutrina espírita. **O Povo Online**, 3 ago. 2014. Disponível em: <https://bit.ly/3qbj1R6>. Acesso em: 2 jun. 2021.

RODRIGUES, C. C. L. Psicologia da religião na investigação científica da atualidade. **Ciências da Religião – História e Sociedade**, São Paulo, v. 6, n. 2, p. 36-71, 2008. Disponível em: <https://bit.ly/3aTZEp3>. Acesso em: 26 maio 2021.

ROMANO, R. T. Os crimes contra o sentimento religioso. **Jus.com.br**, jan. 2015. Disponível em: <https://bit.ly/2Z5OZSX>. Acesso em: 2 jun. 2021.

SANTIAGO, E. **Liberdade de expressão**. Disponível em: <https://bit.ly/2Z9T602>. Acesso em: 2 jun. 2021.

SANTOS, C. R. S. et al. A influência da religião e suas práticas, mediadas pela personalidade, na atuação do indivíduo no contexto organizacional. **Revista AMAzônica**, v. 25, n. 2, p. 449-477, jul./dez. 2020. Disponível em: <https://bit.ly/3aWOFgr>. Acesso em: 2 jun. 2021.

SANTOS, D. **Psicologia do desenvolvimento**. 23 jun. 2011. Disponível em: <https://bit.ly/3jQBG21>. Acesso em: 2 jun. 2021.

SANTOS, P. Qual é a origem das religiões? **Dom Total**, 8 jul. 2019. Disponível em: <https://bit.ly/3jEqZ2q>. Acesso em: 10 maio 2021.

SANTOS NETO, E. F. dos. Reflexões acerca do transe religioso e sua relação com as religiões afro-brasileiras. **Numen – Revista de Estudos e Pesquisa da Religião**, Juiz de Fora, v. 22, n. 1, p. 261-281, jan./jun. 2019. Disponível em: <https://periodicos.ufjf.br/index.php/numen/article/view/29620>. Acesso em: 2 jun. 2021.

SAROGLOU, V. Religion and the Five Factors of Personality: A Meta-Analytic Review. **Personality and Individual Differences**, v. 32, n. 1, p. 15-25, Jan. 2002.

SARTOR, M. V. **A meditação sob o olhar da psicologia**. 10 maio 2018. Disponível em: <https://bit.ly/3jCb1WO>. Acesso em: 26 maio 2021.

SCHULTZ, D. P.; SCHULTZ, S. E. **História da psicologia moderna**. Tradução de Marília de Moura Zanella, Suely Sonoe Murai Cuccio e Cintia Naomi Uemura. 10. ed. São Paulo: Cengage Learning, 2016.

SILVA, C. M. da; MACEDO, M. M. K. O método psicanalítico de pesquisa e a potencialidade dos fatos clínicos. **Psicologia – Ciência e Profissão**, v. 36, n. 3, p. 520-533, jul./set. 2016. Disponível em: <https://bit.ly/3jBxB1K>. Acesso em: 2 jun. 2021.

SILVA, L. G. T. da. Laicidade do Estado: dimensões analítico-conceituais e suas estruturas normativas de funcionamento. **Sociologias**, Porto Alegre, ano 21, n. 51, p. 278-304, maio/ago. 2019. Disponível em: <https://www.scielo.br/j/soc/a/QtwrnMqFf6SWYrkpdGx3Bdv/?format=pdf&lang=pt>. Acesso em: 2 jun. 2021.

SILVA, L. M. B. Estado laico: o que é? **Politize!**, 5 jun. 2017. Disponível em: <https://bit.ly/2Z8tkte>. Acesso em: 2 jun. 2021.

SILVA, R. R. da; SIQUEIRA, D. Espiritualidade, religião e trabalho no contexto organizacional. **Psicologia em Estudo**, Maringá, v. 14, n. 3, p. 557-564, jul./set. 2009. Disponível em: <https://bit.ly/3qb5Uzn>. Acesso em: 2 jun. 2021.

SOLNADO, A. **Terror noturno**: o que é e o que fazer. 2020. Disponível em: <https://bit.ly/3tRDIn9>. Acesso em: 2 jun. 2021.

SOUZA, H. M. M. R. de. **Análise experimental dos níveis de ruído produzido por peça de mão de alta rotação em consultórios odontológicos**: possibilidade de humanização do posto de trabalho do cirurgião dentista. 121 f. Tese (Doutorado em Ciências de Saúde Pública) – Fundação Oswaldo Cruz, Rio de Janeiro, 1998. Disponível em: <https://bit.ly/3rMQMs3>. Acesso em: 2 jun. 2021.

STELLA, J. B. História das religiões. **Fatos e Notas**, v. 31, n. 64, p. 409-413, 1965. Disponível em: <https://www.revistas.usp.br/revhistoria/article/view/123719/119920>. Acesso em: 10 maio 2021.

TEIXEIRA, F. **Experiência religiosa**: abordagem das ciências da religião. Disponível em: <https://bit.ly/2MTkXiw>. Acesso em: 2 jun. 2021.

THE WHOQOL GROUP. The Development of the World Health Organization Quality of Life Assessment Instrument (the WHOQOL). In: ORLEY, J.; KUYKEN, W. (Ed.). **Quality of Life Assessment**: International Perspectives. Heidelberg: Springer Verlag, 1994. p. 41-60.

TODOROV, J. C. A psicologia como o estudo de interações. **Psicologia – Teoria e Pesquisa**, Brasília, v. 23, n. especial, p. 57-61, 2007. Disponível em: <https://bit.ly/3tPuvfi>. Acesso em: 2 jun. 2021.

UGARTE, P. S. Un archipiélago de laicidades. In: UGARTE, P.; CAPDEVIELLE, P. (Coord.). **Para entender y pensar la laicidad**. Cidade do México: Unam, 2013. (Colección Jorge Carpizo, v. 1). p. 31-65.

VALLE, E. Neurociências e religião: interfaces. **Rever – Revista de Estudos da Religião**, n. 3, p. 1-46, 2001. Disponível em: <https://bit.ly/3aXJ5cO>. Acesso em: 2 jun. 2021.

VAN STRALEN, C. J. Psicologia social: uma especialidade da psicologia? **Psicologia & Sociedade**, v. 17, n. 1, p. 93-98, abr. 2005. Acesso em: <https://bit.ly/2Ouw6Ha>. Acesso em: 2 jun. 2021.

VAZ, H. C. de L. A experiência de Deus. In: BETTO, F. et al. **Experimentar Deus hoje**. Petrópolis: Vozes, 1974. p. 74-89.

VERNON, M. D. **Motivação humana**. Tradução de L. C. Lucchetti. Petrópolis: Vozes, 1973.

ZANGARI, W.; MACHADO, F. R. **Cartilha Virtual Psicologia & Religião**: histórico, subjetividade, saúde mental, manejo, ética profissional e direitos humanos. 2018. Disponível em: <https://bit.ly/3jEe1BX>. Acesso em: 2 jun. 2021.

ZANGARI, W.; MACHADO, F. R. **Os 10 mandamentos da exclusão metodológica do transcendente**: direitos humanos nas relações entre psicologia, laicidade e religião. São Paulo: Conselho Regional de psicologia, 2016.

ZERBETTO, S. R. et al. Religiosidade e espiritualidade: mecanismos de influência positiva sobre a vida e tratamento do alcoolista. **Escola Anna Nery**, v. 21, n. 1, p. 1-8, 2017. Disponível em: <https://bit.ly/3cZXQ0w>. Acesso em: 2 jun. 2021.

BIBLIOGRAFIA COMENTADA

ÁVILA, A. **Para conhecer a psicologia da religião**. São Paulo: Loyola, 2007.
A psicologia da religião é uma área pertencente à psicologia que visa estudar os impactos da religião no comportamento, nas ações, nos sentimentos e nas emoções humanas, temática largamente explorada por este livro.

FREITAS, M. H. de; ZANETI, N. B.; PEREIRA, S. H. N. (Org.). **Psicologia, religião e espiritualidade**. Curitiba: Juruá, 2016.
Muitas discussões giram em torno das diferenças entre religião e espiritualidade, bem como de sua relação com a psicologia, daí a importância desta leitura.

HOLLOWAY, R. **Uma breve história da religião**. Tradução de Janaína Marcoantonio. Porto Alegre: L&PM, 2019.
Estudar a religião desde o seu surgimento até os dias atuais pode ser de grande utilidade quando o assunto é compreender as implicações da religião na saúde psíquica e física do sujeito, e este livro pode ser de grande ajuda nesse sentido.

KARDEC, A. **O livro dos médiuns**: guia dos médiuns e dos evocadores. São Paulo: Petit, 2001.
A relação firmada entre religião e psicologia é de grande utilidade no fornecimento de explicações acerca de uma série de doenças, principalmente aquelas que atingem a saúde mental. É nesse sentido que a leitura deste livro é importante.

MCGRATH, A. **Ciência e religião**: fundamentos para o diálogo. Tradução de Roberto Covolan. Rio de Janeiro: Thomas Nelson Brasil, 2020.
O debate firmado entre a religião e a espiritualidade é amplo, mas a maior parte dos estudiosos concorda que essas duas áreas, embora possam se relacionar, seguem por caminhos totalmente distintos.

SOBRE OS AUTORES

Nathalia Ellen Silva Bezerra é formada em Direito com experiência técnico-profissional na área de direito do trabalho e previdenciário. Atuou como conciliadora e atualmente é advogada, com vistas a colocar em prática e valorizar os meios alternativos de solução de conflitos. Também é mestranda no Programa de Pós-Graduação em Administração da Universidade Federal de Campina Grande (UFCG). Ao longo da sua vida acadêmica, sempre demonstrou grande interesse pela escrita e pela leitura. A autora espera que, por meio deste material, o leitor adquira e amplie seus conhecimentos a fim de exercer plenamente sua profissão.

Cristina Spengler Azambuja é profissional da área de educação. Graduada em História – licenciatura plena (2003) pela Universidade do Vale do Rio dos Sinos (Unisinos) e mestre em Ciências Humanas (2006), na linha de Estudos Históricos Latino-Americanos, pela mesma universidade. Possui pós-graduação (*latu senso*) em Pedagogia Empresarial (2011) pela Universidade Feevale e especialização em Educação a Distância (2011), com ênfase na docência e na tutoria em EaD, pela Pontifícia Universidade Católica do Rio Grande do Sul (PUCRS). Foi bolsista do Programa Institucional de Bolsas de Iniciação Científica – Pibic (2000/2002) e CNPQ (2011), com projeto intitulado *Inserção de mestres e doutores na indústria para promoção da inovação*. É professora de pós-graduação em gestão de pessoas, professora tutora do Centro de Referência em Formação e Educação a Distância (CERFEaD), do Instituto Federal de Santa Catarina (IFSC) e consultora externa da Federação das Indústrias do Estado do Rio Grande do Sul (FIERGS) nos programas de Inovação e Consultoria para Educação de Qualidade, atuando na formação em gestão de equipes diretivas de escolas no Estado do Rio Grande do Sul e no programa Educação para o mundo do trabalho. É *coach* pela Sociedade Latino-Americana de Coaching (SLAC) e na área de gestão de pessoas pela Chabrol Consultoria e Treinamentos.

Pablo Rodrigo Ferreira é mestre em Turismo e Hotelaria (2005) pela Universidade do Vale do Itajaí (Univali) e licenciado em História (2015) pela Universidade de Franca (Unifran). Possui bacharelado em Teologia (2014) pela Universidade Presbiteriana Mackenzie e em Turismo (2002) pela Universidade Estadual do Oeste do Paraná (Unioeste).

Os papéis utilizados neste livro, certificados por instituições ambientais competentes, são recicláveis, provenientes de fontes renováveis e, portanto, um meio **respons**ável e natural de informação e conhecimento.

Impressão: Reproset
Agosto/2021